CATTLEYA WARRERI · ORCHIDEE

CITRULLUS VULGARIS · WASSERMELONE

Schöner Jüngling mich lüstet Dein

Liebesgedichte von Frauen

Ein Wegweiser
durch den Irrgarten der Liebe
von Sappho bis Gioconda Belli

gegliedert
von
Nancy Arrowsmith

herausgegeben
und mit einem Essay
zur Geschichte der
europäischen Frauenlyrik
versehen von
Michael Korth

Eichborn Verlag

Für Nina

CIP-Titelaufnahme der Deutschen Bibliothek

Schöner Jüngling, mich lüstet Dein:
Liebesgedichte von Frauen / Michael Korth (Hg.). –
Frankfurt (Main) : Eichborn, 1988
ISBN 3-8218-0185-9
NE: Korth, Michael [Hrsg.]

© Vito von Eichborn GmbH & Co. Verlag KG, Frankfurt am Main, November 1988
Schutzumschlag: Gruhle/Van Volxem unter Verwendung eines Gemäldes von P. Klitsch
Satz: Fuldaer Verlagsanstalt GmbH
Druck und Bindung: Wiener Verlag/Himberg bei Wien
ISBN 3-8218-0185-9
Verlagsverzeichnis schickt gern: Eichborn Verlag, D-6000 Frankfurt 70

Aber das Weib ist nicht mehr das überwältigte oder das willige Tier. Sie ist sehnsüchtig und wach wie der Mann, und es ist, als hätten sie sich zusammengetan, um beide nach ihrer Seele zu suchen.

Rainer Maria Rilke

In der erotischen Frauenlyrik von der Antike bis zur Gegenwart, weltweit von China bis Chile, kommen auffallend viele Blumen und Pflanzen vor. Darum wurde diese Anthologie mit besonders schönen botanischen Abbildungen des 18. und 19. Jahrhunderts geschmückt.

I

Der Träume bunte Falter

Seit ich im Schlaf
den Mann gesehen, den ich
von Herzen liebe,
seit dieser Zeit erst liebe ich
der Träume bunte Falter.

Ono no Komachi

Glaub nicht, er komme ins Traumland,
hör ich die Freundinnen sagen.
Doch wenn ich brenne vor Sehnsucht,
wo such ich ihn außer im Traum?
O Liebster, laß es dem Traum nicht,
komm öfter und halte mich wach!

Myong ' ok

Die Herbstnacht ist lang –
doch wenn man sie verliebt
mit einem Freund verbringt,
ist schon der Morgen da
bevor man es noch ahnt.

Ono no Komachi

Kam mein Lieb zu mir,
oder war ich nachts bei ihm?
Ach, ich weiß es nicht –
War es Traum, war's Wirklichkeit?
Schlief ich oder war ich wach?

Unbekannte japanische Dichterin

Als ich an ihn dachte,
schlief ich glücklich ein.
Da erschien er mir.
Hätte ich gewußt: ein Traum,
wär ich nie mehr aufgewacht.

Ono no Komachi

Ein Zauberer
bin ich
den die Liebe
verzaubert hat
in eine Frau.

Die Vögel wissen es
und lachen
die Bäume wissen es
und schicken mir
nachts zartes Laub
das auf mich fällt.

Ich könnte Flügel breiten
und das Wasser anziehn
wie ein Kleid
der fallende Schnee berührt mich nicht
die Stille nährt mich.

Ein Zauberer der liebt
ist eine Frau
in einer Stadt
die abends in einen
Kochtopf schaut
in einen Fernseher
ein Gesicht schwebt über dem Glas.

Aber ich – ich werde
eines Tages wieder
zum Zauberer werden
und dann sieh dich vor!

Keto von Waberer

DER TRÄUME BUNTE FALTER

Gleich wenn ich endlich abends so weit bin,
daß ich im weichen Bett des Ruhns beginne,
zieht sich der arme Antrieb meiner Sinne
aus mir zurück und mündet zu dir hin.

Dann glaub ich an die Zartheit meiner Brüste
das, was ich ganz begehre, anzuhalten,
und SO begehre, daß mir ist, als müßte
mein Schrein danach, wo es entsteht, mich spalten.

O Schlaf, der nachgibt, Nacht für mich gemeinte,
innige Stillung, glückliche Genüge,
halt vor für aller meiner Nächte Traum.

Ist für das immer wieder mir Verneinte
in dieser vollen Wirklichkeit nicht Raum,
so laß ihn mir gehören in der Lüge.

Louise Labé

Ich schlüpfe in mein seidenes Gewand,
lege nicht erst um das Gürtelband.

Male mir die Augenbrauen schön,
am offnen Fenster will ich stehn.

O diese Seide bleibt nie still –
wenn sie sich öffnet – nun dann will

ich sagen – dann sag ich geschwind:
O, das ist der Frühlingswind.

Unbekannte chinesische Dichterin

MALUS SATIVA · APFELBAUM

PAEONIA LACTIFLORA · PFINGSTROSE

II

Daß du mein Liebster bist
das weißt du wohl

Mein Herz ist wie ein singender Vogel,
des Nest gebaut an rauschendes Wehr.
Mein Herz ist wie ein Apfelbaum
mit Ästen hangend von Früchten schwer.
Mein Herz ist wie eine schimmernde Muschel,
friedlich treibend durch stilles Meer.
Mein Herz ist nimmermehr beklommen,
denn mein Liebster ist gekommen.

Christina Rossetti

Ich glaub, nichts ist so gut und wunderbar
wie die leuchtende Rose und meines Freundes Liebe zart.
Die kleinen Vögel singen im Wald.
Manch einem Herzen ist das lieb.
Kommt mein geliebter Freund nicht bald,
wird mir die Sommerfreude trüb.

Deutsches Frauenlied aus dem Mittelalter

Freund, zeichne diesen Tag

Den 22. Juni 1761, morgens 7 Uhr

Freund, zeichne diesen Tag mit einem größren Strich!
Er war doch ganz für dich und mich,
wir wandelten im Hain und hörten Vögel singen
in dicken Fichten, wo der Mann das Weibchen hascht.
Gut war's, daß über uns nicht Edens Äpfel hingen,
indem wir Hand in Hand durch das Gebüsche gingen,
da hätten du und ich genascht
und im Entzücken nicht die Folgen von den Bissen
nur einen Augenblick bedacht:
So hat es Eva einst gemacht,
so machen's heute noch Verliebte, die sich küssen –
bald werd ich nichts zu schwatzen wissen,
als ewig von dem Kuß. Und meiner Mutter Mann,
durch den ich ward, ist schuld daran,
daß ich so gern von Küssen sing und sage,
denn er verküßte sich des Lebens schwere Plage.
Allein ich wende mich nun wieder zu dem Tage,
von dem ich reden will, schreib ihn mit goldnem Strich!
Er war doch ganz für dich und mich...

Anna Louisa Karsch

Brennende Liebe

Und willst du wissen, warum
so sinnend ich manche Zeit,
mitunter so töricht und dumm,
so unverzeihlich zerstreut,
willst wissen auch ohne Gnade,
was denn so Liebes enthält
die heimlich verschlossene Lade,
an die ich mich öfters gestellt?

Zwei Augen hab ich gesehn,
wie der Strahl im Gewässer sich bricht,
und wo zwei Augen nur stehn,
da denke ich an ihr Licht.
Ja, als du neulich entwandtest
die Blume vom blühenden Rain
und „Oculus Christi" sie nanntest,
da fielen die Augen mir ein.

Auch gibt's einer Stimme Ton,
tief, zitternd wie Hornes Hall,
die tut's mir völlig zum Hohn
sie folget mir überall.
Als jüngst im flimmernden Saale
mich quälte der Geigen Gegell,
da hört ich mit einem Male
die Stimme im Violoncell.

DASS DU MEIN LIEBSTER BIST, DAS WEISST DU WOHL

Auch weiß ich eine Gestalt,
so leicht und kräftig zugleich,
die schreitet vor mir im Wald
und gleitet über den Teich;
ja, als ich eben in Sinnen
sah über des Mondes Aug
einen Wolkenstreifen zerrinnen,
das war ihre Form, wie ein Rauch.

Und höre, höre zuletzt,
dort liegt, da drinnen im Schrein,
ein Tuch mit Blute genetzt,
das legte ich heimlich hinein.
Er ritzte sich nur an der Schneide,
als Beeren vom Strauch er mir hieb,
nun hab ich sie alle beide:
sein Blut und mein brennende Lieb.

Annette von Droste-Hülshoff

MEINE ALLERSCHÖNSTE LIEBESGESCHICHTE

Soweit bis heut der Schatten
meiner alten Lieben reicht,
zurück bis hin zum ersten Rendezvous,
bis hin zum ersten Kummer damals;
ich war kaum 15 Jahre alt,
mit weißem Mädchenherzen und zerkratzten Knien;
ich war früh wach – ob's eine Kinderliebe war,
ob jener Stich ins Herz der ersten Leidenschaft –
soweit ich mich zurückerinnern kann
„Ich liebe dich" zu sagen,
bist meine allerschönste Liebesgeschichte du.

Es stimmt, ich war nie brav,
in vielen Seiten habe ich geblättert
ohne zu lesen; sie waren weiß und weiter nichts.
Es stimmt, ich war nie brav
und meine Abenteuer-Helden schwirrten
kaum gesehen gleich wieder fort.
Doch schimmerte durch die Gesichter
bereits dein Bild: das warst nur du,
drum packte ich mit unberührtem Herzen
meine Koffer und reiste dir, dir meinem Traume nach:
Meine allerschönste Liebesgeschichte bist du.

Auf dem langen Weg, der zu dir führte,
auf dem langen Weg wanderte ich mit pochendem Herzen,
Dezemberwind blies mir ins Genick,
doch was kümmerte mich Dezember, ich war zu dir unterwegs.

Ein langer Weg, doch ich bin ihn gegangen,
den Weg, der zu dir führt,
und es ist sicherlich kein Meineid,
wenn ich heut abend schwör:

DASS DU MEIN LIEBSTER BIST, DAS WEISST DU WOHL

Für dich hätt ich ihn auch auf Knien gemacht.
Es hätte mehr gebraucht
als ein paar boshafte Apostel,
als Winterwind und Schnee im Genick,
damit ich die Geduld verlöre,
die Ungeduld hab ich besiegt:
Meine allerschönste Liebesgeschichte bist du.

Doch trotz so vieler Winter, Herbste,
Nächte, Tage, Freunde:
Du kamst niemals zu einem Rendezvous.
Und so verlor ich meinen Mut
und manchmal packte mich die Wut:
Mein Gott, wie hab ich dich gebraucht!
Daß dich der Teufel hole!
Die andren öffneten mir ihre Tür,
und so entfernt ich mich von dir,
und war dir nicht besonders treu.
Doch meine Sehnsucht kehrte immer
neu zu dir zurück:
Meine allerschönste Liebesgeschichte bist du.

Meine Tränen habe ich geweint, aber ein Zauber,
welch ein Zauber lag in deinem ersten Lächeln für mich.
Und für eine Träne von dir habe ich
vor Liebe geweint, erinnerst du dich?

Es war an einem Abend im September,
du warst gekommen und erwartetest mich,
gerade hier, wo wir jetzt stehen, erinnerst du dich?
Und als ich dich lächeln sah,
war mir plötzlich ganz klar,
daß hier meine Reise zu Ende war.

Und ich setzte die Koffer ab –
unser Rendezvous – du warst da.
Egal, was man darüber erzählt,
ich will es dir nur einfach selber sagen:
Heut abend dank ich dir, daß es dich gibt;
ich bin gekommen, dir zu sagen:
Meine allerschönste Liebesgeschichte bist du.

Barbara

Heb den Schleier, mache Erd und Himmel hell
mach das Paradies, die Elemente hell,
löse auf die Locken und durchflut die Welt,
von den Lippen zitternd woget Kewsers Quell,
ein Diplom hat deines Bartes Flaum geschrieben,
solchen Inhalts: Geh, erobre China schnell,
Alexander gleich, mußt du tausend Jahre wandern,
denn mein Herz beschert dir nicht des Lebens Quell,
laß als Weib, o Seineb, allen Glanz und Schmuck,
einfach, männlich sei und ungeschmückt und hell.
Schah! die Schönheit ist eine Gabe von dem Herrn,
und die Sonne nur der Mond von deiner Schönheit.
Deine Schönheit, meine Liebe, deine Härte, meine Duldung,
wachsen immerdar und sind doch aller vier zugleich unendlich.

Seineb

Ich lehre dich das Pflaumenspiel
Noch siebzig hängen an den Zweigen.
Du sprichst von Liebe. Ach, du sprichst zuviel.
Es wäre besser, tätig dich zu zeigen.

Nur dreißig Pflaumen hängen noch.
Ich pflücke alle bis auf eine.
Du sprichst zuviel von Liebe. Kämst du doch
und legtest deine Wange an die meine.

Der Ast ist leer. Mein Korb ist voll.
Ich kann das Spiel nicht länger treiben.
Ach, wüßtest du, was jeder wissen soll:
Daß Mädchen nicht gern lange einsam bleiben.

Frauenlied aus China

Ich bin müd ganz allein,
schneide Farne, schneide Farne;
ich bin müd ganz allein,
schneide Farne, traurig.
Hinterm Hügel, vor dem Hügel,
hinterm schönen Hügel;
hinterm Hügel, vor dem Hügel,
alle Tage mühsam.
Aber komm ich zu dir
drunt am Wege, drunt am Wege,
dann bin ich nicht mehr müd,
wenn mein Herz bei ihm ist.

Tanzlied von den Hebriden

Wenn ich wüßte, wo mein Liebster mäht,
würd ich ihm in meiner Schürze Tau hintragen.

Wenn ich wüßte, wo mein Liebster trinkt,
würd ich ihm vier Pfingstrosen bringen.

Vier Pfingstrosen und eine Tulpe,
damit er mir bis zum Morgen ein großer Herr wird.

Frauenlied aus der Slowakei

DASS DU MEIN LIEBSTER BIST, DAS WEISST DU WOHL

I.

Mein Geliebter, den ich liebe,
ich schmachte nach seiner Liebe.
Alles ist bereit;
sieh nur, sieh, was ich tu.

Zum Vogelfangen gekommen,
trag ich mein Vogelnetz bei mir,
in der einen Hand meine Falle,
in der anderen Fangnetz und Wurfholz.

Sieh, all die Vögel von Punt
streichen, nach Myrrhe duftend,
nieder auf Ägypten;
der erste Vogel, der landet,
betört von meinem Köder,
duftet nach Punts Wohlgeruch;
seine Krallen tränkt Balsam.

Danach steht mir der Sinn:
mit dir ihn loszulassen,
mit dir allein zu sein,
wenn er den Freiheitsruf ausstößt,
mein Vogel, nach Myrrhe duftend.

Schöneres kenne ich nicht,
wenn ich die Stricke spanne,
als daß du da bist, bei mir;
herrlich: der Gang übers Feld,
dem Geliebten entgegen.

II.
Die Stimme der Wildgans schreit:
sie ward vom Köder betört.
Auch ich bin betört von deiner Liebe,
ich kann mich nicht mehr befreien.

Ich hole die Netze herunter;
was soll ich der Mutter sagen?
Zu ihr kehr ich täglich zurück,
mit gefangenen Vögeln beladen.
– „Keine Falle gestellt, mein Kind?"
– „Ich lief selbst in die Falle der Liebe."

III.
Mein Herz steht still.

....

Seh süßes Backwerk an,
wähne ich Salz zu sehen.
Ein Likör, süß meinem Mund,
dünkt mich Vogelgalle.
Dein Atem nur
kann mein Herz zum Leben bringen.

....

O, ließe ein Gott währen,
was ich gefunden habe,
für immer und allezeit.

IV.
Ach, du bist so schön –
das Verlangen überkommt mich,
alles mit dir zu teilen
als Herrin deines Hauses.
Daß dein Arm ruhe auf meinem Arm!

Doch kühlte deine Liebe zu mir ab,
und ich sage meinem Herzen und mir selbst:
mein Gewaltiger hat sich von mir
abgewendet, diese Nacht.
Ich bin gleichsam schon begraben.

Bist du nicht mein Licht, mein Leben,
du der du Freude bringst,
wenn du zu mir kommst?
Denn mein Herz ist nur gesund,
wenn du mich begehrst.

Unbekannte ägyptische Dichterin

MORUS NIGRA · MAULBEERBAUM

CATTLEYA SUPERBA · ORCHIDEE

Mein Liebster ist krank vor Liebe zu mir –
wer wird ihn heilen?
Bei des Geliebten Seele,
wie er dürstet nach meinem Kommen!

* * *

Was soll ich tun, was wird aus mir,
Geliebter?
Zieh dich nicht von mir zurück!

* * *

Erbarmen, Erbarmen, du Schöner, sag mir,
warum, bei Gott, willst du mich töten?

* * *

Als ob du ein Fremdling wärst,
schläftst du nicht mehr an meiner Brust.

* * *

Sagt mir, ihr kleinen Schwestern,
wie soll ich meinen Kummer zähmen?
Ohne den Geliebten kann ich nicht leben,
ich will hinfliegen und ihn suchen.

* * *

Mein Herr Ibrahim, o du lieblicher Mann,
komm zu mir des Nachts. Wenn nicht, wenn du nicht willst,
komm ich zu dir. Sag mir, wo ich dich finde.

* * *

O Gott, wie soll ich ein Leben aushalten
mit diesem Betrüger,
der schon, bevor er ein Mädchen grüßt,
droht, sie zu verlassen!

* * *

Ich werde dich lieben und lieben und lieben,
doch nur, wenn du meine Fesseln zurückbiegst
bis zu den Ohrringen.

Frauenstrophen aus Spanien

Mein Mann, dieser zärtliche Mann!
Mein Mann, mein zärtlicher Liebster!
Sie werden sagen, ich schwärme.
Bevor ich in sein Zimmer geh,
geh ich ins Bad, um mich zu waschen
und dann mit süßem Öl die Haut zu salben,
das ich dort aufbewahre.
Dann werde ich mit meinem Khôl-Stift
mir schwarze Lider machen
und in den weißen Mantel schlüpfen,
den weißen Mantel, der dort hängt.
Und dann, vor seiner Tür, sag ich ihm
zärtlich, daß ich komme.
Mein Mann, mein zärtlicher Liebster.
Sie werden sagen, ich schwärme.

Unbekannte afrikanische Sängerin aus Mali

DASS DU MEIN LIEBSTER BIST, DAS WEISST DU WOHL

Dat du min Leevsten büst,
dat du wol weest.
Kumm bi de Nacht,
kumm bi de Nacht,
segg, wo du heest.

Kumm du um Middernacht,
kumm du Klock een!
Vadder slöpt,
Moder slöpt,
ick slap alleen.

Klopp an de Kammerdör,
fat an de Klink!
Vadder meent,
Moder meent,
dat deit de Wind.

Niederdeutsches Mädchenlied

Steige nicht mehr von der Weide
übern Zaun in die Rapunzeln.
Willst du, daß ich Arges leide?
Nachbarn möchten boshaft schmunzeln.

Schwing dich nicht vom Maulbeerzweige
übern Zaun in unsre Gründe.
Glaubst du, daß mein Bruder schweige?
Und ich weiß, es ist doch Sünde.

Ach, zerbrich des Zaunes Latten
nicht und laß die Sandel leben!
Denn nur, den ich meinen Gatten
nennen darf, bin ich ergeben.

Mädchenlied aus dem alten China

Dunkelblau ward der Himmel,
wie indigogefärbte Baumwolle.
Wie frische Milch tropfte der Nebel nieder.
Die Hyäne hat gebrüllt, –
der Löwe, Herr des Buschwalds, gibt Antwort.
Dies ist die Stunde, in der es süß ist,
mit einem hellhäutigen Freund zu flüstern.

Mädchenlied aus Afrika

ACH KÄMEST DU

Ach kämest Du eilends zu der Geliebten
wie eine Gazelle, die über die Wüste jagt,
deren Füße lahmen, deren Glieder erschöpft sind,
in deren Leib Schrecken gefallen ist.

Jäger sind hinter ihr her, Hunde sind um sie.
Nicht sieht man sie vor ihrem Staub.
Sie sieht einen Rastplatz als Hindernis an
und nimmt den Fluß als Weg.

Mögest Du meine Höhle erreichen,
ehe Deine Hand viermal geküßt werden kann!
Du suchst die Liebe der Geliebten,
denn die Goldene befiehlt es Dir, mein Feund!

Unbekannte äyptische Dichterin

Kapitel III

Ob ich dich liebe, weiß ich nicht

Von dem Hügel, wo der Maulbeerbaum gedeiht,
blick ich in das Tal der Lotosblüten.
Den ich anschaun möchte, der ist weit.
Einen Schlingel seh ich Schafe hüten.

Auf den Bergen wiegt die Kiefer sich im Wind.
In den Tälern blühen Orchideen.
Wo im Sand noch deine Spuren sind,
seh ich einen blöden Schafhirt gehen.

Mädchenlied aus dem alten China

O DIESER ABEND

O dieser Abend, welch ein Abend!
Es fließt der Strom so sanft und rein.
O diese Stunden, was für Stunden!
Ich darf mit ihm im selben Boote sein.

O, ich verberge mein Erröten,
nicht soll man schelten mich gemein.
O töricht Herz, warum willst du nicht brechen?
Ich weiß, ich fand den Liebsten mein.

O, auf dem Berge stehen Bäume,
mit vielen Zweigen grün und dicht!
O, wie sehr lieb ich meinen Liebsten!
Doch ach, der Liebste weiß es nicht.

Mädchenlied aus dem alten China

Die Vögel, schwarze Früchte
in den kahlen Ästen.
Die Bäume spielen Verstecken mit mir,
ich gehe wie unter Leuten
die ihre Gedanken verbergen
und bitte die dunklen Zweige
um ihre Namen.

Ich glaube, daß sie blühen werden
– innen ist grün –
daß du mich liebst
und es verschweigst.

Hilde Domin

KINDHEITSGARTEN

Als ich dein war,
weißt du es noch?
Als mir das Haar
nach deinem Odem roch,
tauig und naß
voll deiner Tränen hing,
als mir dein Gras
noch bis zur Schulter ging.
Als meine Hand,
braun und klein wie ein Tier,
aufwarf den Sand,
wühlte zum Herzen dir –
weißt du es noch –
Rund war mein Knie,
von deinen Rinden zerrissen . . .
Ach du – ich weiß – aber wie
solltest du wissen –

Ina Seidel

Mein Licht und mein Leben
bitte bedränge mich nie wieder so atemberaubend
mit deiner Liebe wie gestern.
In der ganzen Zeit meiner Jugend
war ich nie so verwirrt.
Glaub mir, ich bereu es jetzt bitter,
daß ich dich gestern abend einfach verließ,
obwohl ich vor Liebe brannte –
Ich floh aus Scheu, dir meine Gefühle zu zeigen.

Sulpicia

SCHAM

Wenn du mich anblickst, werd ich schön,
schön wie das Riedgras unterm Tau.
Wenn ich zum Fluß hinuntersteige,
erkennt das hohe Schilf mein seliges Angesicht nicht mehr.

Ich schäme mich des tristen Mundes,
der Stimme, der zerrißnen, meiner rauhen Knie.
Jetzt, da du mich, herbeigeeilt, betrachtest,
fand ich mich arm, fühlt ich mich bloß.

Am Wege trafst du keinen Stein,
der nackter wäre in der Morgenröte
als ich, die Frau, auf die du deinen Blick geworfen,
da du sie singen hörtest.

Ich werde schweigen. Keiner soll mein Glück
erschaun, der durch das Flachland schreitet,
den Glanz auf meiner plumpen Stirn nicht einer sehen,
das Zittern nicht der Hand...

Die Nacht ist da. Aufs Riedgras fällt der Tau.
Senk lange deinen Blick auf mich.
Umhüll mich zärtlich durch dein Wort.
Schon morgen wird, wenn sie zum Fluß hinuntersteigt,
die du geküßt, von Schönheit strahlen.

Gabriela Mistral

MEINE SCHAMRÖTE

Du, sende mir nicht länger den Duft,
den brennenden Balsam
deiner süßen Gärten zur Nacht.

Auf meiner Wange blutet die Scham,
und um mich zittert die Sommerluft.

Du ... wehe Kühle auf meine Wangen
aus duftlosen, wunschlosen Gräsern zur Nacht.

Nur nicht länger den Hauch deiner suchenden Rosen,
er quält meine Scham.

Else Lasker-Schüler

ROSA CANINA · HECKENROSE

VITIS VINIFERA · WEINREBE

Ob ich dich liebe, weiß ich nicht,
  seh ich einmal nur dir ins Gesicht,
kann ich nicht sagen wie mir geschicht.
Ob ich dich liebe weiß ich nicht.

Ob ich dir traue weiß ich nicht.
Entgeht mir deine Lehre nicht
tu ich auf eignen Geist verzicht.
Ob ich dir traue weiß ich nicht.

Ob ich dich kenne weiß ich nicht.
Ich glaub was deine Lippe spricht,
dein Geist ist mir das höchste Licht.
Ob ich dich kenne weiß ich nicht.

Ob treu dein Kind bleibt weiß es nicht.
Daß nie ihm deine Lieb gebricht
ist was sein Flehn zum Himmel spricht.
Ob es dir treu bleibt weiß es nicht.

Bettina von Arnim

Den Tag nur lieben

Den Tag nur lieben, und den Tag beklagen,
die Nacht verwünschen und sie dann erflehen,
das Feuer fürchten und ihm nahe gehen,
die Brust so freudenvoll erfüllt mit Plagen,

daß Mut und Feigheit in dem Herzen schlagen,
und schmeichelnd Locken, grausames Verschmähen,
mit blinden Augen tapfer um sich sehen,
den Geist in Fesseln, doch nur Freies wagen,

nur Hilfe suchen, bald die Qual zu heilen,
und nimmer suchen, ihren Quell zu heben,
sich sehnen und der Sehnsucht Ziel nicht kennen.

In Lüsternheit und Widerwill sich teilen,
und alles Wohl zum Pfand der Hoffnung geben,
ist dies nicht Liebe, o wer mag sie nennen.

María de Zayas y Sotomayor

ICH LEBE UND ICH STERBE

Ich lebe und ich sterbe, ich verbrenne und ertrinke.
Ganz maßlos heiß ist mir, obwohl ich Kälte leide;
zu weich und doch zu hart ist mir das Leben.
Ich trage großes Leid und fühle Freude mittendrin:

in gleichem Atem lache ich und weine,
und im Vergnügen dulde ich manch schwere Qual.
Mein Glück ist hin und dauert ewig:
zur gleichen Stunde grüne ich und welke.

So führt mich Amor ganz nach seiner Laune,
und wenn ich eben ärgsten Schmerz zu haben meine,
schon bin ich ohne Zutun frei von aller Pein.

Und glaub ich dann, mein Glück sei ganz gewiß,
ich sei nun auf dem Gipfel meiner Seligkeit –
stürzt er mich wieder in die alte Not.

Louise Labé

BETRUNKENER NACHMITTAG

M eine Haut sehnt sich danach
dich zu umschließen.
Schön bist du
selbst über die Entfernung eines ganzen Raumes.
Ich lasse mich in deine Tigeraugen fallen
und finde Halt
an dieser wunderschönen Stelle
zwischen deinem Hals und der Grube deiner Schultern.
Viel zu gern möchte ich dich halten
als daß ich wagte
meine Hände nach dir auszustrecken.

Irene Kabanyi

Soll ich zu Dir gehn
oder kommst Du heut zu mir?
Als ich zögernd saß
hinter unversperrter Tür,
übermannte mich der Schlaf –

Unbekannte japanische Dichterin

SPIELREGELN

Komm wir proben die Posse noch einmal
wir kennen die Rollen zum Glück
gibt es nicht mehr zu sagen
wir spielen das alte Stück

Immer wieder dieselben Schritte
bis hierher und weiter nicht
immer wieder dieselben Blicke
aus einem andern Gesicht

Immer wieder dasselbe Stöhnen
aus einem anderen Mund
jedesmal dasselbe Versinken
in immer anderem Grund

Immer wieder dieselben Blumen
am Anfang diesmal für mich
und im Schlußakt frische Tränen
wie immer: diesmal um dich.

Ulla Hahn

Ich liege im Bett,
neben ihm,
und ich kenne ihn,
außen, innen.
Ich habe Linie und Länge
seines Körpers erkundet
und sein Grinsen auswendig gelernt.
Ich habe jede Falte
an den Rändern
seiner Augen
gezählt.
Ich kenne die Grenzen
seiner Seele.
Ich kenne
seine Lügen.

Ich kenne
seine äußerlichen Qualitäten.
Ich kenne
seine inneren Zweifel
wie die Haut
unter seinem Hemd.
Ich weiß,
was es mit ihm auf sich hat.
Ich liege im Bett,
neben ihm,
und spule ihn
wie einen Zwirnsfaden ab.
Ich kenne
seine Tiefen,
seine Triebe,

seine Nachteile
wie er
die meinen kennt.

Ich hörte von der Entdeckung
des verlorenen Atlantis
nahe der spanischen Küste.
Mit einer Menge
versteckter Geheimnisse,
verborgenen Zeichen und Symbolen,
grünes, behütetes Gold
und Geister.

Ich lausche
auf seinen Atem,
der mir vertraut ist,
obwohl sein schlafendes Selbst
zu den Regionen seiner Träume wandert,
während
nahe der spanischen Küste
moorig der Mond glänzt
und am Grund
der bewachten Gewässer
das grüne Gold glitzert.

Ich liege neben ihm im Bett,
und ich frage ihn
»Willst du gehen?«
Er sagt »Ich schwöre,
ich werde dich nie verlassen.«
Ich sage
»Ich weiß...«

Dory Previn

OB ICH DICH LIEBE, WEISS ICH NICHT

IV

Mein Leib schreit nach Dir

Wenn ich ein Vöglein wär,
und auch zwei Flügel hätt,
flög ich zu dir;
weil es aber nicht kann sein,
bleib ich allhier.

Bin ich gleich weit von dir,
bin ich doch im Schlaf bei dir
und red mit dir;
wenn ich erwachen tu,
bin ich allein.

Es vergeht keine Stund in der Nacht,
da mein Herze nicht erwacht
und an dich gedenkt,
daß du mir viel tausendmal
dein Herz geschenkt.

Deutsches Volkslied

Ostwind
Was bedeutet die Bewegung?
Bringt der Ost mir frohe Kunde?
Seiner Schwingen frische Regung
kühlt des Herzens tiefe Wunde.

Kosend spielt er mit dem Staube,
jagt ihn auf in leichten Wölkchen,
treibt zur sichern Rebenlaube
der Insekten frohes Völkchen.

Lindert sanft der Sonne Glühen,
kühlt auch mir die heißen Wangen,
küßt die Reben noch im Fliehen,
die auf Feld und Hügel prangen.

Und mich soll sein leises Flüstern
von dem Freunde lieblich grüßen;
eh noch diese Hügel düstern
sitz ich still zu seinen Füßen.

Und du magst nun weiter ziehen,
diene Frohen und Betrübten;
dort wo hohe Mauern glühen
finde ich den Vielgeliebten.

Ach, die wahre Herzenskunde,
Liebeshauch, erfrischtes Leben
wird mir nur aus seinem Munde,
kann mir nur sein Atem geben.

Marianne von Willemer

MEIN LEIB SCHREIT NACH DIR

Horch – der Glockenton

Horch – der Glockenton
ruft nun allen Menschen zu,
daß sie schlafen gehn –
Doch ich sehn mich so nach dir,
daß der Schlaf die Lider flieht!

Kasa no Iratsune

Mein Herz springt alsbald in mir auf,
wenn ich nur an die Liebe zu dir denke;
es läßt mich nicht mehr handeln wie ein Mensch,
es wird von seinem Platz weggerissen.

Es läßt mich nicht mehr ein Gewand aussuchen,
es läßt mich nicht mehr meinen Fächer fassen,
es läßt mich nicht mehr meine Augen schminken,
es läßt mich nicht mehr meinen Körper salben.

»Bleibe nicht stehn, geh in dein Haus!«
Sagt es mir, stets wenn ich an ihn denke.
Herz, o Herz, quäl mich nicht so,
du behandelst mich zu töricht.

Der Geliebte kommt, drum zügle dich,
denn mit ihm nahen die Augen vieler;
laß die Leute niemals von mir sagen:
diese Frau da ist vor Liebe toll.

Liege fest in meiner Brust, wenn ich an ihn denke,
und springe nicht so auf, spring nicht so auf!

Unbekannte ägyptische Dichterin

Ich kann nicht mehr schlafen
Allein
Ich höre sein Lied, meine Finger
sind seinen Schritten nachgelaufen, meine Brüste
hab ich vorgewölbt über zwei Berge
Vater
Suchst du mir keinen Mann
So mache ich dir Schande
Auf der Straße lieg ich und warte
daß er kommt
Mein Leib schreit nach ihm, mein Fuß
steht im rechten Graben
der linke im Linken, die Straße,
die er gegangen ist, verschlingt mein Leib.

Lied einer serbischen Zigeunerin

Fühltest du nur die leiseste Regung der Liebe, Maultiertreiber,
du führest schneller, ans Ziel der Liebe zu kommen.
Ich bin verliebt in einen schönen Jungen –
gib dem Vieh die Sporen, bitte beeil dich!
Du bist betrunken! Beeil dich! Gib ihm die Peitsche, die Zügel!
Bring mich nach Pompeji, wo mein Liebster lebt!
Du bist mein...

Graffito einer Verliebten aus Pompeji

O mein Liebster,
ich tauche so gern in das Wasser,
bade so gern vor deinen Augen,
um dir meine Schönheit zu zeigen
unter dem Kleide aus Linnen,
aus feinstem königlichen Linnen,
wenn es naß und bespritzt ist.
Mit dir gleite ich in das Wasser;
zu dir steige ich aus dem Wasser,
einen roten Fisch in den Fingern,
glitzernd in meinen Fingern . . .
Ach, komm doch. Sieh mich an.

Unbekannte ägyptische Dichterin

ROSA · ZUCHTROSE

PUNICA GRANATUM · GRANATAPFEL

Die Schöne an die Liebesbotin

Bringe Botschaft ihm, dem Prachtbaum,
daß den Weg zum Wald er nehme,
komme, um mit mir zu schlafen
bei den Liebesblättern.
Sage ihm, wie ich mich sehne,
dort in seinem Arm zu ruhen
bei den Liebesblättern.
Hin zum Walde will ich laufen,
angstvoll, ob er denn auch komme,
einsam bin ich ohne ihn –

O du roter Papagei,
Hacker du, du junger Vogel,
ich, die Kokosmilch, möcht heulen
nach dir bei den Liebesblättern.
Aufgeschürzt hab ich für dich
schon mein buntes Lendentuch,
aufgehoben hab ich meine
Schönheit ganz allein für dich –

Sag's dem Hacker-Papagei:
Kommt er zu den Liebesblättern,
Lager dort mit mir zu halten,
will ich da sein, und selbst Kampflärm
wird zu kommen mich nicht hindern.
Richten will ich ihm das Essen,
so als wäre er mein Gatte.

Frauenlied von den Südseeinseln

MEIN LEIB SCHREIT NACH DIR

Käm mein Liebster mir entgegen,
auf demselben Weg entgegen,
würd ich ihn von weitem kennen,
ihn an seinem Gang erkennen.
Wär er viele Werst entfernt,
zwei Werst noch und viele mehr,
würd ich sanft wie weißer Nebel
ihm entgegenwehen,
wie ein Windhauch,
wie ein Funke,
wie die Flamme würd ich lodern,
ihm entgegeneilen würd ich,
mich an seine Seite setzen,
meine Hand in seine legen,
selbst wenn darin Schlangen wären,
seine Lippen würd ich saugen,
wär selbst Gift in seinen Küssen,
seinen Hals in Händen halten,
wenn ich auch dran sterben sollte,
mich an seine Seite schmiegen,
wäre sie auch voll von Blut.

Doch des Liebsten Mund und Lippen
schwimmen nicht im Blut.
Seine Hand hält keine Schlange
und sein Hals ist schön und rein.
Rosenrot sind seine Lippen,
schwellend süß der rote Mund,
weich und weiß sind seine Hände,
schlank und biegsam wie ein Stengel...

Frauenlied aus Finnland

HE, JÜNGLING, JÜNGLING

He, Jüngling, Jüngling,
das Feuer fiel in meine Hose.
Monate, Jahre vergingen,
mit Bitten und mit Betteln.

He, Knabe, Knabe, Knabe,
warum denn zogst du auf die Berge?
Monate, Jahre vergingen
mit Bitten und mit Betteln.

He, Knabe, Knabe, Knabe,
laß uns in den Speicher gehen.
Monate, Jahre vergingen,
mit Bitten und mit Betteln.

Türkisches Mädchenlied vom Schwarzen Meer

Ich kletterte auf die Spitze des Zweiges

Ich kletterte auf die Spitze des Zweiges,
der Zweig bewegt sich, er bewegt sich.
Ich lag an der Brust des Liebsten,
der mich verwöhnte, ach verwöhnte.

Auf die Wiese pflanzt' ich einen Zweig,
zu den Wiesenblumen.
Ich wurde zum Seidenfaden, ich schlang mich
um den Schoß des Jünglings.

Komm Knabe, wir wollen uns umarmen,
wie könnten wir uns trennen,
wir beide in einer Pfanne,
wie Öl, ach, wollen wir braten.

Mädchenlied aus der Süd-Türkei

JOHN ANDERSON, MEIN LIEBSTER

John Anderson, mein Liebster,
was hab ich dir getan?
Nachts bist du matt und müde
und rührst mich nicht mehr an.
Wohin ging deine Liebe, John?
Ach, mach mich wieder froh
und komm wie früher in mein Bett,
John Anderson, mein John.

John Anderson, mein Liebster,
als unser Glück begann,
da stand dein starkes Segel
straff wie bei jedem Mann.
Doch heute hängt es schlaff herab
und keine Planke knarrt –
einst ritten wir im scharfen Wind
die Wellen auf und ab.

Forellenschlank mein Rücken,
die Brüste wie ein Schwan,
mein Bauch ein Daunenkissen
für dich, mein liebster John.
Vom Schneidezahn zum kleinen Zeh
bin ich wie frischer Schnee –
und der will dich erquicken, John,
John Anderson, mein John.

Unbekannte schottische Dichterin

O GEGNER, ZIEHE DEIN SCHWERT

OGegner, ziehe dein Schwert, die schwarze Klinge.
Mein Herz ist auf dem Schlachtfeld
zwischen Wasser und Feuer.
Er verführt mich mit Zauberblicken
in die ich verliebt bin.
Der mit dem leuchtenden Stern Beschenkte
hat nicht seinesgleichen.
Wir begegnen ihm:
Er kehrt zurück mit gewaltiger Macht.
Sein kräftiger Wuchs hebt sich ab
von meinem schmächtigen Leib,
sein Kleid ist bronzefarben.
Er kehrt zurück und bringt Leben
in meine Rosen, die Granatäpfeln gleichen.

Frauenlied aus Marokko

O MEIN ERHABNER ACHTTAUSENDSPEERGOTT

O mein erhabner
Achttausendspeergott, denke,
ich bin ja nur ein Mädchen
so schmiegsam, wie ein Pflänzchen!
Scheu ist mein Herz, dem Vogel
am Sand des Ufers ähnlich,
wohl gar ein Regenpfeifer,
bald aber wird's, das fühl ich,
ein muntres Vöglein werden,
zutraulich, furchtlos,
drum sollst du nicht in Trübsinn
dein liebes Leben enden!

Wenn hinter dem Grün der Berge
untergetaucht die Sonne
in beerenschwarze Nacht,
dann will ich für dich bereit sein.
Dann wirst du zu mir kommen,
lächelnd wie Morgensonne,
mit Armen so weiß wie die Rinde
vom Papierbaum wirst du
den flockenzarten Schnee
meiner jungen, schwellenden Brüste
an dich ziehen voll Lust.
Zärtlich umschlungen
wollen wir schlafen,
Schenkel an Schenkel,
einer lege dem andern
als Kissen den Arm unters Haupt.

Doch bitt ich, treibe nicht zu wild,
mein erhabener Achttausendspeergott,
gleich zu Anfang die Liebe.

Mädchenlied aus der japanischen Mythologie

MEIN LEIB SCHREIT NACH DIR

VERLIEBT

Mutter, löse die Spangen mir!
Mich hat ein Fieber befallen.
Denn das Fenster ließest du auf,
das immer sorglich verhängte;
und im Garten ich Mädchen sah,
die warfen Ringe im Kreise,
flatternd selber, ein Blütenschnee,
vom leichten Winde getragen.
Immer flöten nun Stimmen mir,
und immer Spiegel mir flirren;
blind geworden bin ich schon ganz,
taub werd ich nächstens werden.
Mutter, löse die Spangen mir!
Mich hat ein Fieber befallen.

Annette von Droste-Hülshoff

Die Rosen des Sa'di

Ich wollte dir heut morgen Rosen bringen,
doch pflückte ich so viele in den engen Gürtel,
daß die zu straffen Schleifen sie nicht halten konnten.

Mir sind die Schleifen aufgesprungen und die Rosen weit zerstoben;
dem Winde nach, ins Meer sind sie dahin,
und mit dem Wasser fort auf Nimmerwiedersehn.

Die Woge war von ihnen rot, als stände sie in Flammen.
Noch heute abend ist mein Kleid von ihrem Duft erfüllt...
Atme auf mir den Hauch, der dich an sie gemahnt.

Marceline Desbordes-Valmore

Das Gewicht des Sommers

Korn hast du in der Hand zerrieben
und mir in den Mund gesteckt.
Achte auf die Fruchtbarkeit
wollte ich noch sagen.
Doch da lagen wir schon
unter den Kirschen.

Irene Kabanyi

V

Ob er den Wink erkennt?

Ein junger Mann umwirbt mich zart –
o König aller Könige.
Ich wünsch ihm Glück.
An meine Brüste eng geschmiegt,
läg er bei mir,
sein Körper dicht an meiner Haut.

Wär es doch wahr, was ich erträume,
wir wären nie getrennt.
Mein zarter Wink ist allzufein –
ob er den Sinn erkennt?

Das kann erst sein,
wenn ihn sein Schiff nach Hause bringt.
Wie quälend ist es für uns zwei,
daß er im Osten, ich im Westen bin.
Ob unser Herzenswunsch noch einmal
in Erfüllung geht?

Isobel, Countess of Argyll

KOMM ZURÜCK ZUR STUNDE

Komm zurück zur Stunde, mein Herr, der davonging,
damit du, was du liebst, tust unter den Bäumen.
Mein Herz hast du von mir um Millionen Meilen entfernt.
Ich will mit dir allein, was ich liebe, machen.

Gehst du zum Land der Ewigkeit, gehe ich mit dir.
Ich fürchte mich vor meinem Gatten, daß er mich tötet.
Hat je ein König dies zu seiner Zeit getan?
Ich kam aus Liebe zu dir. Du löst die Liebe zu dir aus meinem Leib.

Unbekannte ägyptische Dichterin

Zeigst du ein freundlich Antlitz mir
und Liebe unverkürzt,
so wat ich durch den Fluß zu dir,
den Rock hoch aufgeschürzt.
Nur denk nicht, wenn dir's nicht beliebt,
daß es nicht auch noch andre gibt –
Du dummer, dummer Junge du!

Wenn du den Tag statt mit Verdruß
mir recht mit Liebe würzt,
dann wat zu dir ich durch den Fluß,
den Rock hoch aufgeschürzt.
Denk nicht, wenn du für Liebe blind,
daß ich mir keinen andern find –
Du dummer, dummer Junge du!

Mädchenlied aus dem alten China

OB ER DEN WINK ERKENNT?

HAJA, BUBAJA

Haja, bubaja!
Geh weg von der Tür,
mein Mann ist schon gekommen,
er schläft heut bei mir.

Deutsches Frauenlied aus Oberungarn

In tiefen Kummer stürzte mich
ein Ritter, der mich zart umwarb.
Wie herzlich gerne ich ihn hab,
zeig offen und bekenne ich.
Jetzt fühl ich mich von ihm betrogen;
hab ich ihm meine Liebe nicht genug gezeigt?
Ich leide seinetwegen Qualen,
ob nackt im Bett oder im Kleid.

Wie schlöß ich meinen Ritter nachts
mit nackten Armen zärtlich ein.
Könnt ich sein Kissen einmal sein,
wie glücklich hätt uns es gemacht!
Ich lieb ihn herzlicher und mehr
als Floris seine Blanchefleur.
Ihm geb ich Liebe, Herz und Sinn,
Vernunft, die Augen und mein Leben hin.

Mein schöner Freund, lieblich und gut,
wann, wann gehörst du endlich mir?
Schlief ich nur eine Nacht bei dir,
der Kuß der Liebe strömte dir ins Blut.
Glaub mir, mein größter Wunsch ist dich
auf meines Gatten Platz zu sehn.
Das soll geschehn, sobald du schwörst,
daß alle meine Wünsche in Erfüllung gehn.

Gräfin Beatritz de Dia

OB ER DEN WINK ERKENNT?

LILIUM · ZUCHTLILIE

CUCUMIS MELO VAR. MALITENSIS · ZUCKERMELONE

VI

Komm zu mir in der Nacht

Endlich bist du da. Wie gut.
Ich hab mich so nach dir gesehnt.
Komm, kühl mein Herz. Es brennt.
Sei willkommen, sei umarmt,
immer wieder und immer wieder,
es ist Zeit...

Sappho von Mytilene

Freu dich und trink mit mir! Liebe mit mir!
Kränze mit mir das Haupt!
Bin ich zärtlich gestimmt, sei es auch!
Schwärm ich, so schwärme mit.

Praxilla von Sikyon

DER TAG HAT 24 STUNDEN ZUWENIG

Ich liebe dich
und zuwenig Zeit
wird es wieder sein
um es dir zu zeigen

Guy St. Louis

In Schmerzensglut dreht sich mein Herz

In Schmerzensglut dreht sich mein Herz als Braten um und um,
zum Himmel steigt der Seufzerrauch mit Funken um und um,
in meinem Herzen flammt auf ewig Liebe als ein Licht,
es dreht mein Leib nach deinem Bild sich immer um und um.

Mihri Hatun

Du schaust auf mein braunes Fleisch
mit Augen wie glühende Kohlen.
Ich möchte der Brunnen sein
darin du den Durst deiner Ängste stillst.

Ich möchte das Blut meiner Venen
verbrennen in den Tropen
deiner unsteten Raserei.

Virginia Brindis de Salas

Gehst du fort, weil dir das Essen einfällt?
Bist du ein Mann, der seinem Bauche folgt?
Erhebst du dich wegen der Kleider?
Ich bin die Herrin eines Lakens.

Gehst du fort, weil dich hungert?
Entfernst du dich, weil du Durst hast?
Nimm dir meine Brüste!
Ihr Inhalt flutet über dir.

Unbekannte ägyptische Dichterin

ER KÜSSTE MICH

Er küßte mich, und schon bin ich eine andere geworden,
eine andere durch den Pulsschlag seiner Adern,
der den meinen verdoppelt hat;
durch den Atem des andern,
den ich in meinem Atem erfühle.
Mein Leib ist edel geworden wie mein Herz...
In meinem Atem der Hauch von Blumen!
Alles durch ihn, der auf mir ruhte
wie der Tau auf den Kräutern.

Gabriela Mistral

Küß mich noch einmal, küß mich wieder, küsse
mich ohne Ende. Diesen will ich schmecken,
in dem will ich an deiner Glut erschrecken,
und vier für einen will ich, Überflüsse

will ich dir wiedergeben. Warte, zehn
noch glühendere, bist du nun zufrieden?
O daß wir also, kaum mehr unterschieden,
glückströmend ineinander übergehn.

In jedem wird das Leben doppelt sein.
Im Freunde und in sich ist einem jeden
jetzt Raum bereitet. Laß mich Unsinn reden:

Ich halt mich ja so mühsam in mir ein
und lebe nur und komme nur zur Freude,
wenn ich, aus mir ausbrechend, mich vergeude.

Louise Labé

Des Geliebten Nächte zu entzünden,
will ich augenspendend still erblinden.

Des Geliebten Atem zu umkosen
wandelt sich mein Blut in tausend Rosen.

Des Geliebten Liebe zu erhalten
möcht ich mich in tausend Frauen spalten.

Daß er tausendfach nur mich begehre,
alle liebend nur mir angehöre.

Rose Ausländer

SINNENRAUSCH

Dein sündger Mund ist meine Totengruft,
betäubend ist sein süßer Atemduft,
denn meine Tugenden entschliefen.
Ich trinke sinnberauscht aus seiner Quelle
und sinke willenlos in ihre Tiefen,
verklärten Blickes in die Hölle.

Mein heißer Leib erglüht in seinem Hauch,
er zittert, wie ein junger Rosenstrauch,
geküßt vom warmen Maienregen.
– Ich folge Dir ins wilde Land der Sünde
und pflücke Feuerlilien auf den Wegen,
– Wenn ich die Heimat auch nicht wiederfinde...

Else Lasker-Schüler

Alle Briefe die ich schreibe
Sind nicht schön wie dieser
Silben aus Sammet –
Sätze aus Plüsch,
Rubinrote Tiefen, ungeschöpft,
Birgt die Lippe für dich –
Spiele sie wäre ein Kolibri –
Und er schlürfte – mich –

Emily Dickinson

EINER VON ZWEIEN

In meinem Gedächtnis wohnst du
Mein Leib ist dein Haus
Mir aus den Augen siehst du den Frühling
Noch immer die rote Kastanie.

Auf dem Fluß jedes Tages
Kommst du geschwommen
Steigst mit jeder Sonne
Mir über den Hügel.
Hände hab ich
Zehn Finger und flinke Füße
Näher kommst du
Ich fasse dich nicht.

Ihr sollt in mir sehen
Einen von zweien
Und hinter meinen Worten
Unruhig horchen
Auf die andere Stimme.
Ihr sollt sehen wie meine Wunde
Zu glühen beginnt
Wenn die Welle kommt
Der Muschelgeruch der Häfen
Wenn im Buchenwald unsichtbar
Maisingen die Vögel.

Marie Luise Kaschnitz

INNEN SIND DEINE AUGEN FENSTER

Innen sind deine Augen Fenster
auf ein Land, in dem ich in Klarheit stehe.

Innen ist deine Brust ein Meer,
das mich auf den Grund zieht.
Innen ist deine Hüfte ein Landungssteg
für meine Schiffe, die heimkommen
von zu großen Fahrten.

Das Glück wird ein Silbertau,
an dem ich befestigt liege.

Innen ist dein Mund ein flaumiges Nest
für meine flügge werdende Zunge.
Innen ist dein Fleisch melonenleicht,
süß und genießbar ohne Ende.
Innen sind deine Adern ruhig
und ganz mit Gold gefüllt,
das ich mit meinen Tränen wasche
und das mich einmal aufwiegen wird.

Du empfängst Titel, deine Arme umfangen Güter,
die an dich zuerst vergeben werden.

Innen sind deine Füße nie unterwegs,
sondern schon angekommen in meinem Samtlanden.
Innen sind deine Knochen helle Flöten,
aus denen ich Töne zaubern kann,
die auch den Tod bestricken werden ...

Ingeborg Bachmann

KOMM ZU MIR IN DER NACHT

KOMM ZU MIR IN DER NACHT

Komm zu mir in der Nacht – wir schlafen engverschlungen.
Müde bin ich sehr, vom Wachen einsam.
Ein fremder Vogel hat in dunkler Frühe schon gesungen,
als noch mein Traum mit sich und mir gerungen.

Es öffnen Blumen sich vor allen Quellen
und färben sich mit Deiner Augen Immortellen ...

Komm zu mir in der Nacht auf Siebensternenschuhen
und Liebe eingehüllt spät in mein Zelt.

Wir wollen wie zwei seltene Tiere liebesruhen
Im hohen Rohre hinter dieser Welt.

Else Lasker-Schüler

Uralter Worte kundig kommt die Nacht;
sie löst den Dingen Rüstung ab und Bande,
sie wechselt die Gestalten und Gewande
und hüllt den Streit in gleiche braune Tracht.

Da rührt das steinerne Gebirg sich sacht
und schwillt wie Meer hinüber in die Lande.
Der Abgrund kriecht verlangend bis zum Rande
und trinkt der Sterne hingebeugte Pracht.

Ich halte dich und bin von dir umschlossen,
erschöpfte Wandrer wiederum zu Haus;
so fühl ich dich in Fleisch und Blut gegossen,

von deinem Leib und Leben meins umkleidet.
Die Seele ruht von langer Sehnsucht aus,
die eins vom andern nicht mehr unterscheidet.

Ricarda Huch

CITRUS NOBILIS · MANDARINE

MILTONIA MORELINA · ORCHIDEE

Sieh mich, das Meer, das dir zu Füssen brandet

Sieh mich, das Meer, das dir zu Füßen brandet,
laß dich umschlingen, küssen, schmelzen, komm!
Wie Well um Welle stürmend dich erklomm,
bist du ein Gott, in Element gewandet.

Laß deinen Leib von meinem Leib umgleiten!
Kein Flor, kein Hauch, kein Strahl mehr, der uns trennt,
nur du, nur du, soweit der Blick erkennt,
umbraust vom Mantel meiner Zärtlichkeiten.

Den Ozean, den ihre Glut durchdrungen,
verläßt die Sonne, und mit Huld zerstörend
tilgt ihre Schönheit die geballte Nacht.

Du laß die Welt in ewgen Dämmerungen!
Geduldger Andacht Ungestüm erhörend
begrabe dich in meine Liebesmacht.

Ricarda Huch

VERSÖHNUNG

Es wird ein großer Stern in meinen Schoß fallen...
Wir wollen wachen die Nacht,

in den Sprachen beten,
die wie Harfen eingeschnitten sind.

Wir wollen uns versöhnen die Nacht –
so viel Gott strömt über.

Kinder sind unsere Herzen,
die möchten ruhen müdesüß.

Und unsere Lippen wollen sich küssen,
was zagst du?

Grenzt nicht mein Herz an deins –
immer färbt dein Blut meine Wangen rot.

Wir wollen uns versöhnen die Nacht,
wenn wir uns herzen, sterben wir nicht.

Es wird ein großer Stern in meinen Schoß fallen.

Else Lasker-Schüler

Geliebter,
und uns werden die Augen groß:
Dinge sehen wir dann, die niemand sah,
Wege zwischen den Wolken,
Lieder in den Weizenfeldern.
Dann sehen wir dem Wind unter die Röcke,
wie seine Lippen das Wasser küssen.
Wir gehen dann ungezwungen,
ohne Schuhe und nackt,
wie unsichtbare Geister.
Worte und Lachen malen wir dann
auf die Mauern in der Welt,
während aus unseren Körpern die Liebe strömt,
sprudelnd,
        gluckernd,
                plätschernd wie aus Brunnen.

Gioconda Belli

BIBEL

Meine Hände seien wie Ströme
in deinen Haaren.

Meine Brüste wie reife Orangen.

Mein Leib ein warmes Rohr für deine Männlichkeit.

Meine Beine und Arme seien wie Tore,
wie Häfen für deine Gewitter.

Mein Haar Baumwolle in Frucht.

Für deinen Körper sei eine Hängematte mein Körper,
mein Geist dein Gefäß,
dein tiefer Weg.

Gioconda Belli

DICH BEREISEN

Dein Fleisch will ich schmecken,
   würzig und kräftig,
anfangen mit deinen Armen
herrlich wie Äste des Ceibo;
fortfahren mit der Brust, von der meine Träume träumen,
mit der Armhöhle, worin sich mein Kopf vergräbt,
das Zarte zu ergründen,
die Brust, die tönt wie Trommeln und andauerndes Leben;
da eine lange Weile bleiben,
meine Hände verzweigen
im Strauchwäldchen, das dir schwarz und weich
unter meiner nackten Haut wächst;
fortfahren dann bis zu deinem Nabel,
bis zu dieser Mitte, wo es dich zu kitzeln beginnt,
mit Küssen, mit Bissen über dich gehen,
bis ich anlange
bei diesem Ort
versteckt und geheim,
der sich freut bei meiner Anwesenheit,
der sich erhebt, mich zu empfangen
und auf mich zukommt
mit der ganzen Härte des erregten Mannes;
hinab zu deinen Beinen,
diese Beine, worauf dein Körper ruht,
mit denen du mich trägst,
die du des Nachts verschränkst mit meinen
sanften und weiblichen;
deine Füße küssen, Liebling,
die so viel laufen müssen ohne mich,
und umkehren, dich zu ersteigen,
bis ich deinen Mund an meinen sauge,

KOMM ZU MIR IN DER NACHT

bis ich ganz angefüllt bin von deinem Speichel, deinem Atem,
bis du in mich dringst
mit der Kraft von Ebbe und Flut
und mich überwältigst mit deinem Kommen und Gehen
wie des wilden Meers,
bis wir beide ausgebreitet und heiß
auf dem Kampfplatz der Laken bleiben.

Gioconda Belli

Frühe Sonne, Mitte des Monds

Im Aufwachen schon alles anders
die Augen anders, ich suche, sehe nur
was rund ist, warm und weich
Buchrücken und Wände, die Bilder, die
Pflanzen und Fenster wölb ich mit diesen Augen
anders die Sinne, die Nerven, ich hör
eine schwingende Luft, gebogene Töne
warmes Licht rollt in den Händen mir
und alles Lebensgefühl findet sich, fließt
in meinen Brüsten, weich und warm und rund
ich bin meine Brüste, bin sie ganz.

So im blasser werdenden Morgendunkel noch lange
liegen mit ihm, schlafwarm, die Körper
wie einander zugewachsen in der Nacht
Schlafverstörter, Schlafschöner
mit den taumeligen Augen, runder
runder Mund küßt und murmelt und
schlafschlafschlaf gräbt er den
schweren Kopf mir tiefer in den Arm

Aus dem bleichen Fensterbogen fällt eine
Sehnsucht herab und wächst groß...
ein Kind halten, ein Kind, das an mir
liegt, ein atmendes, saugendes Kind
an meinen Brüsten

Wacher, spür ich, wird da der Kinderäugige, sind
seine Hände an meinen Brüsten, seine Lippen
saugend, sein Geruch, sein Haar, sein
ganzer Leib samtheiß um meine Brüste
wir sollten

Wir werden
eine eigene Erotik erfinden für diese
Brüste, kreisende gewölbte Gefühle und Worte
ich will mit
Augen, mit Worten berührt
werden und die Augen, die Worte übergehen
fühlen in Hände, Bewegungen, Lippen

Mein Körper ein großer glühender Bogen
weich und rund und kreisend
und des Purpurhaarigen Blick, Beben
Schaudern dem hingeben, ich will ihn
behexen, bis er begreift und begreift und
begreift und sein Fühler wie ich wird
ein Suchen und rundes Feuer und Kreisen
und wir ein einziger Bogen

Wie sie sich dehnt, sich wirft
die frühe Sonne dort oben –
wie sie tanzt!

Brigitte Oelschinski

ICH BIN

Ich bin dein Bett,
dein Boden,
bin deine Kürbisflasche,
dahinein ergießt du dich und verlierst nichts von dir,
denn ich liebe deinen Samen
und bewahre ihn.

Gioconda Belli

WINTERLUST

Was magst du nur tun
in diesen Tagen,
wo Schnee
die unbefahrenen Wege bedeckt?

Gesichter, die
vorm Ofen rotgolden wurden
und der Morgen, der
kein Morgen war
und die Nacht, die
ohne Nacht zurechtkam.
Mit den Bratäpfeln
in der Pfanne
brachten wir die Zeit zum Schmoren,
mit dem Glühwein in
unseren Bechern
tranken wir die Stunden.
Wie Bären haben wir uns
eingenistet in eine Höhle
den Winter über.
Lust hat sich ausgebreitet
und die Schwaden
der Vergänglichkeit
vertrieben.
Gesprochen haben die Körper
– auf den Brüsten lag
noch kein Schauer von Abschied.

Waltraud Riegler

Mein Morgenschlafhaar –
hüte mich, es zu kämmen.
Hat es doch bei Nacht
meines Geliebten süße
Arme zum Kissen gehabt.

Unbekannte japanische Dichterin

Solange du da bist,
ist mein Herz gelöst und froh.
O meine Morgendämmerung,
o mein zartes Licht zwischen den Häusern.
Durch deine Wangen werden alle Blüten
geöffnet und befruchtet.

Frauenlied aus Marokko

VII

Du ruhender Gott an meinen Brüsten

KNOSPE

Die Knospe einer Liebkosung,
von keinem Gärtner gepflegt,
im Laub meines Körpers verborgen,
langsam,
unaufhaltsam sich öffnend,
macht mich fremd mit mir selbst.

Hilde Domin

MEERWUNDER

Als ich das Kind mit grünen Augensternen,
dein zartes, wunderbares Kind empfing,
erbrausten salzge Wasser in Zisternen,
Elmsfeuer funkelten aus Hoflaternen,
und Nacht trug den Korallenring.

Und deiner Brust entwehte Algenmähne
so grün, so grün mit stummer Melodie.
Sehr sachte Fluten plätscherten um Kähne,
im schwarzen Traumschilf sangen große Schwäne,
und nur wir beide hörten sie.

Du warst den Meeren mitternachts entstiegen
mit eisig blankem, triefend kühlem Leib.
Und Wellenwiegen sprach zu Wellenwiegen
von unserm sanften Beieinanderliegen,
von deinen Armen um ein Weib.

Seejungfern hoben ungeschaute Tänze,
und wilde Harfen stöhnten dunkel her,
und Mond vergoß sein silbernes Geglänze
um den Perlmutterglast der Schuppenschwänze;
mein Linnen duftete von Meer.

Und wieder wachten Hirten bei den Schafen
wie einst ... und glomm ein niebenannter Stern.
Und Schiffe, die an fremder Küste schlafen,
erbebten leis und träumten von dem Hafen
der Heimat, die nun klein und fern.

DU RUHENDER GOTT AN MEINEN BRÜSTEN

Tierblumen waren fächelnd aufgebrochen,
in meinen Schoß verstreut von deiner Hand;
um meine Füße zuckten Adlerrochen,
und Kinkhorn und Olivenschnecke krochen
auf meiner Hüfte weißen Sand.

Und deine blaß-beryllnen Augen scheuchten
gekrönte Nattern heim in Felsenschacht,
doch Lachse sprangen schimmernder in Feuchten;
an Wogenkämmen sprühte blaues Leuchten
wie aus dem Rabenhaar der Nacht.

O du! Nur du! Ich spülte deine Glieder
und warb und klang und schäumte über dir.
Und alle Winde küßten meine Lider,
und alle Wälder stürzten in mich nieder,
und alle Ströme mündeten in mir.

Gertrud Kolmar

DU RUHENDER GOTT AN MEINEN BRÜSTEN

Pisum. { 1–8 Blüthe. 9–11 Frucht 12 Saame. } *Erbsen.*

PISUM SATIVUM · ERBSE

Tab. LXXIII.

FICUS *folis palmatis*
Ficus sativa fructu majori violaceo oblongo cute
lacera Tourn. Linn. Amoen. Acad. Vol. I. p. 213.

FICUS CARICA · FEIGE

Linie wie
lebendiges Haar
gezogen
todnachtgedunkelt
von dir
zu mir.

Gegängelt
außerhalb
bin ich hinübergeneigt
durstend
das Ende der Fernen zu küssen.

Der Abend
wirft das Sprungbrett
der Nacht über das Rot
verlängert deine Landzunge
und ich setze meinen Fuß zagend
auf die zitternde Saite
des schon begonnenen Todes.

Nelly Sachs

Ebbe und Flut in seinen Venen
sind stärker als in mir.
Das Getöse seiner Gedanken
steigt osmotisch auf.

Seine Träume wandern wie Flammen –
die kleinen vollkommenen Gesichter
seiner Kindheit
haben die Autorität
in Holz gehauener Masken.

Unsere sichtbaren und unsichtbaren Haare
schlingen sich ineinander.
Blank wie Nägel,
wie reife Erbsen
die aus ihren Schoten platzen,
überwältigen mich
die befremdlichen Ansichten seiner Eltern.

Während wir uns in einen anderen verwandeln,
glauben wir
zu leben,
in einem anderen Breitengrad
neu zu beginnen.

Wir sind der Ansicht,
vollkommen zu sein.

Joyce Carol Oates

LIEBENDE FRAUEN

Das Seil spannt sich,
   der Fisch hat angebissen
und hängt
am Haken.

Heute morgen
tarnt sich mein Haar.
Namenlose bunte Vögel,
leuchtender als Namen,
geschwinder als Körper,
pecken an mir.

Einfach Stille,
als ob ein Finger
auf einer Saite
alle Schwingungen dämpft:
die Berührung eines Mannes.

Meine Arme rudern
auf und ab,
um nicht zu ertrinken.
Die Liebe in mir
benutzt mich als Weg
zur Erde, zum Gestein,
den Knochen der Erde.
Die Schwingung verebbt
im Schweigen.
Niemals fließt Liebe
in eine Form.

Joyce Carol Oates

EVA AN GOTT

Ich wußte
als erste
einer Münze
oben und unten
sind Kopf und Adler

Ich wußte
als erste
Licht und Dunkelheit
sind beide
von Dir erschaffen

Ich wußte
als erste
zu gehorchen
und nicht zu gehorchen
ist ein und dasselbe

Ich berührte
als erste
den Baum
der Erkenntnis
ich biß als erste
in den leuchtenden Apfel
ja, das war ich

Ich begriff
als erste
unter Lachen
und Weinen
kann aus Deinem Antlitz
das Gesicht des Kindes
geschnitten werden

DU RUHENDER GOTT AN MEINEN BRÜSTEN

Ich begriff
als erste
herrlich ist es
gut im Laster
und verderbt in Reinheit
zu leben

Ich zerbrach
als erste
das Goldgeschmeide
nur so
aus Spaß
Denn
es gefiel mir nicht
Marionette
Deiner Hand
zu sein, während er
der arme Adam war

Ich stiftete
die erste
Unruhe
auf Deiner Erde
jawohl, das war ich

Ich schuf
als erste
Himmel und Hölle
als ich die Wand
zwischen Scham und Blöße
mit dem Feigenblatt
errichtete

Ich war
die erste
die mit Spiel und Schmerz
Deine Puppe aus eigenem
Fleisch formen konnte
ich: la femme fatale
Mein Geliebter
mein Sklave
ich war
die erste
die erfuhr
was es bedeutet
vom Himmel
verbannt zu sein

Ich erlebte es
als erste
wie ein Mensch zu leben
und das Leben zu lieben
mehr als den Himmel

Kavita Sinha

Was brauche ich diesen Popanz
einer sterbenden Welt,
Nachttopf der Illusion,
Hurenhaus hastiger Leidenschaften,
diesen zerbrochenen Krug
und löchrigen Keller?

Finger können die Feige quetschen
sie anzufühlen, und sich doch nicht entschließen,
sie zu essen.

Nimm mich mit all meinen Schwächen,
o Herr,
weiß wie Jasmin.

Mahādēviyakka

Ich werde nicht an deinem Herzen satt,
nicht satt an deiner Küsse Glutergießen.
Ich will dich, wie der Christ den Heiland hat:
Er darf als Mahl den Leib des Herrn genießen.
So will ich dich, o meine Gottheit, haben,
in meinem Blut dein Fleisch und Blut begraben.
So will ich deinen süßen Leib empfangen,
bis du in mir und ich in dir vergangen.

Ricarda Huch

DU LÄSSEST DUFT UND WOHLLAUT

Du lässest Duft und Wohllaut, wo du gingest,
die Luft, die dich umgab, wird süß und trunken.
Was du mit deinem goldnen Blick umfingest,
ward überfüllt von reifen Liebesfunken.
Es blüht und glüht und schwillt und klingt und leuchtet
um dein Erscheinen her und deinen Namen.
Du schüttest aus, von Lebenstau befeuchtet,
o Paradiesesfrucht, der Schönheit Samen.

Ricarda Huch

DU RUHENDER GOTT AN MEINEN BRÜSTEN

HERZLICH

Alle meine Rede und jegliches Wort
und jeder Druck meiner Hände.
Und meiner Augen kosender Blick
und alles, was ich geschrieben:
Das ist kein Hauch und keine Luft,
und ist kein Zucken der Finger,
das ist meines Herzens flammendes Blut,
das dringt hervor durch tausend Tore.

Annette von Droste-Hülshoff

MASS DER LIEBE

Wie Du mir nötig bist? Wie Trank und Speise
dem Hungernden, dem Frierenden das Kleid,
wie Schlaf dem Müden, Glanz der Meeresreise
dem Eingeschlossenen, der nach Freiheit schreit.

So lieb ich Dich. Wie dieser Erde Gaben
Salz, Brot und Wein und Licht und Windeswehen,
die, ob wir sie auch bitter nötig haben,
sich doch nicht allezeit von selbst verstehen.

Und tiefer noch. Denn auch die ungewissen
und fernen Mächte, die man Gott genannt,
sie drangen mir zu Herzen mit den Küssen,

den Worten Deines Mundes und die Blüte
irdischer Liebe nahm ich mir zum Pfand
für eine Welt des Geistes und der Güte.

Marie-Luise Kaschnitz

WENN ICH SCHEINE, MUSST DU LEUCHTEN

Wenn ich scheine, mußt du leuchten,
   wenn ich fließe, mußt du schäumen,
wenn du seufzt, ziehst du mein göttliches Herz in dich hinein.
Und weinst du nach mir, nehm ich dich sanft in meinen Arm.
Doch wenn du mich lieb hast, dann sind wir zwei eins,
und wenn wir zwei eins sind, kann nichts mehr uns scheiden,
mehr als endloses Glück wohnt zwischen uns beiden.
Herr, so harre ich deiner mit Hunger und Durst,
gehetzt und mit Lust,
bis zur erlösenden Stunde,
da aus deinem göttlichen Munde
strömt das erlesene Wort,
das niemand hört,
als die Seele allein,
die sich von all der Erde befreit
und ihr Ohr legt an deinen göttlichen Mund –
ja, sie versteht unsern Liebesbund.

Mechthild von Magdeburg

DU RUHENDER GOTT AN MEINEN BRÜSTEN

O DU GIESSENDER GOTT

O du gießender Gott in deiner Gabe!
O du fließender Gott in deiner Liebe!
O du brennender Gott in deinem Begehren!
O du schmelzender Gott in der Vereinigung mit meinem Leib!
O du ruhender Gott an meinen Brüsten!
Ohne dich kann ich nicht mehr sein.

O du schöne Rose im Dorne!
O du fliegende Biene im Honig!
O du reine Taube in deinem Sein!
O du schöne Sonne in deinem Schein!
O du voller Mond in deinem Stande!
Ich kann nicht von dir lassen.

Du bist mein Lagerkissen,
mein Minnebett,
meine heimlichste Ruhe,
meine tiefste Sehnsucht,
meine höchste Herrlichkeit.
Du bist eine Lust meiner Gottheit,
ein Trost meiner Menschheit,
ein Bach meiner Hitze.

Du bist mein Spiegelberg,
meine Augenweide,
Verlust meiner Selbst,
Sturm meines Herzens,
Fall und Versinken meiner Kraft,
meine höchste Sicherheit.

Mechthild von Magdeburg

DU RUHENDER GOTT AN MEINEN BRÜSTEN

Ich stürbe gern vor Liebe,
ach könnt es nur geschehn,
denn jenen, den ich liebe,
den habe ich gesehn
mit meinen lichten Augen
in meiner Seele stehn.
Die Braut, die ihren Liebsten in sich hat,
braucht nicht sehr weit zu gehn.

Mechthild von Magdeburg

DIE LIEBE ÜBERFLUTET DAS ALL

Von der Tiefe bis hoch zu den Sternen
überflutet die Liebe das All,
sie ist liebend zugetan allem,
da sie dem König, dem höchsten,
den Friedenskuß gab.

Hildegard von Bingen

Daß ich dich oftmals liebe,
das hab ich von Natur,
weil ich die Liebe selber bin.
Daß ich dich innig liebe,
hab ich von meiner Sehnsucht,
weil ich ersehne,
daß man mich herzlich liebt.
Daß ich dich lange liebe,
kommt von meiner Ewigkeit,
weil ich ohn alles Ende bin.

Mechthild von Magdeburg

DU RUHENDER GOTT AN MEINEN BRÜSTEN

RUBUS FRUCTUOSUS · ECHTE BROMBEERE

SALIX BICOLOR · WEIDE

VIII

Seelenallein

Der Mond ist fort
und die Plejaden versunken –
längst Mitternacht –
die Zeit vorbei –
Ich schlafe allein.

Sappho von Mytilene

Wie fiel im Sommer Reif

Wie fiel im Sommer Reif auf meines Dorfes Dächer?
So weiß wie Reif und Schnee ist dieser Seidenfächer.
Ihn schickt ein Mädchen aus der Landschaft U,
er fächle dir Erinnerungen zu . . .

Wenn einst der Reif in deinen Gärten liegt,
und Winterwind die dürren Äste biegt –
bedarfst des Frühlingsfächers du nicht mehr . . . O sprich:
Wirfst du ihn dann so achtlos weg – wie mich?

Pang-tschi-yü

WULF UND EADWACER

Meinen Leuten käme es vor, als gäbe man ihnen ein Geschenk –
Werden sie ihn fangen, wenn er in Not ist?
Ungleich ist unser Geschick.

Wulf ist auf einer Insel, ich auf einer anderen.
Die Insel ist eine Festung, mitten im Sumpf.
Grausame Männer sind dort auf der Insel;
werden sie ihn fangen, wenn er in Not ist?
Ungleich ist unser Geschick.

Weit wanderte meine Sehnsucht nach Wulf,
wenn es regnete und ich allein war und weinte –
wenn mein Held mich in seine Arme nahm,
gab er mir Lust, aber auch Leid.

Wulf, mein Wulf, die Sehnsucht nach dir
hat mich krank gemacht, dein seltenes Kommen,
der brennende Schmerz. Nicht Hunger!

Hörst du mich, Eadwacer? Unser armes Kind
trägt Wulf in die Wälder.
Was niemals eins war, zerteilt man leicht –
unser gemeinsames Leid.

Unbekannte altenglische Dichterin

TRAUMGEWEBE

Mehr nahm ich nicht wahr vom Tag,
als daß du nicht da warst,
nirgendwo bist du, und bedrängst meine Schritte, und meine
Atemzüge einer einsamen Frau.

Tage gibt es, denke ich, die zum Sterben
gemacht sind oder zum Weinen, voller Echos
und Einbildungen, Tage,
die mich erschrecken.
Mir ist dann, als ob die Vergangenheit ihre Tür aufmachte
und heute gestern sein wird,
und es sind deine Hände, deine Augen, dein Zusammensein mit mir,
all das, was vor kurzem noch so greifbar war,
gerade noch
ein Gewebe aus Träumen.

Gioconda Belli

SEELENALLEIN

Seelenallein will ich sein.
Seelenallein hat mich mein Geliebter gelassen,
seelenallein, ohne Gefährten und Leitstern,
seelenallein, kraftlos, matt, voll von Zorn,
seelenallein, mutlos, ausgelaugt, leer,
seelenallein, verloren wie keine,
seelenallein, ohne Freund – vergessen.

Seelenallein, gefangen am Fenster,
seelenallein, in einen Winkel gekauert,
seelenallein, von Tränen genährt,
seelenallein, seelenlos matt oder nach Atem ringend,
seelenallein, mit nichts mehr im Einklang,
seelenallein, verschlossen in meinem Zimmer,
seelenallein, ohne Freund – vergessen.

Seelenallein, überall und in jedem Atem,
seelenallein, ob ich geh, ob ich bleibe,
seelenallein, mehr als jedes irdische Sein,
seelenallein, von jedem verlassen,
seelenallein, gnadenlos erniedrigt, gequält,
seelenallein, noch und noch in Tränen,
seelenallein, ohne Freund – vergessen.

Fürst – mein Schmerz hat begonnen,
seelenallein, von endloser Trauer gepackt,
seelenallein, brombeerdunkel,
seelenallein, ohne Freund – vergessen.

Christine de Pisan

Die Weiden flattern auf und nieder
im Frühlingswind wie Vogelschwingen.
Ich denk an dich ja immer wieder –
Wie aber soll es mir gelingen,
die langen, langen Frühlingsnächte
so ganz allein hier zu verbringen?

Unbekannte chinesische Dichterin

ICH WECHSLE DAS KISSEN

Ich wechsle das Kissen.
Zur Hälfte war schon der Brokat zerrissen.
So wälz seit dem Herbst ich mich hin und her,
und Tränenspuren die Kreuz und die Quer –
verwaschen ist es, zerschlissen, zerrissen.
Ich wechsle das Kissen.
Es wartet auf Euch. Wann ruht Ihr darauf, Herr?

Ich breite aus die Decken.
Was muß sich darauf auch ein Entenpaar necken!
So neckten und tändelten früher auch wir.
Heut bergen die Decken den Kummer vor mir;
die Einsamkeit muß ich darunter verstecken.
Ich breite aus die Decken.
Sie warten auf Euch. Wann schlaft Ihr bei mir?

Kaiserin Hsjau Guan-Yin

Hinter unsrer Scheune
Krächzte eine Eule.
Dabei kamen mir die Worte
meiner Mutter in den Sinn.

Ja, die Worte meiner Mutter
und das leise Flüstern meines Liebsten;
hätte ich mich nur getraut
mit ihm fortzugehen.

Wandre, Liebster, wandre,
wenn du willst ans End der Welt,
Aber denke stets an mich,
daß ich jetzt alleine bin.

Wo eine Waise weint,
fließt überall Wasser,
wo eine Träne hinfällt
bleibt ein Grübchen.

Mädchenlied aus Mähren

In der Höhle überwintre ich,
verzierte Strümpfe stricke ich.
Die Höhle geht nach innen immerfort,
das Pferd läuft rückwärts immerfort.
Ich habe, ach, so tief geseufzt,
daß gar die Berge sich bewegten.

Frauenlied aus der Süd-Türkei

Hier nackt
liege ich auf dem einsamen
Laken meines Betts
und begehre dich.

Suche meinen Leib
rosa und glatt im Spiegel,
meinen Leib,
der ein gieriger Boden für deine Küsse war,
dieser Leib satt von Erinnerung
an deine überschäumende Leidenschaft,
auf dem du in langen Nächten
schweißtreibende Gefechte ausgetragen hast,
unter Stöhnen und Lachen
und Geräuschen
aus meinen inneren Gewölben.

Suche meine Brüste,
die du lächelnd in deine Hand gepackt,
wie kleine Vögel in deinem Käfig
aus fünf Gitterstäben gehalten hast,
während mir eine Blume wuchs,
und ihre harte Knospe
gegen deine zarte Haut drängte.

Sehe meine Beine,
lange, bedächtige Genießer deiner Liebkosungen,
die bald aufgeregt in ihren Gelenken kreisen,
um dir den Weg zur Wollust zu öffnen,
gerade zu meinem Zentrum,
zum weichen Gebüsch auf dem Hügel,
wo du genußsüchtig einen stummen Kampf anfingst,
eingeleitet von Gewehrsalven
und urtümlichem Donner.

SEELENALLEIN

Ich sehe und sehe nicht,
dein Spiegelbild liegt schmerzhaft
auf dieser Einsamkeit des Sonntags,
ein rosa Spiegel,
eine Hohlform, die nach Ausfüllung verlangt.

Es regnet in Strömen
auf mein Gesicht,
ich denke an nichts als an deine ferne Liebe,
und decke mit aller Kraft
die Hoffnung
warm zu.

Gioconda Belli

CHAOS

Die Sterne fliehen schreckensbleich
vom Himmel meiner Einsamkeit,
und das schwarze Auge der Mitternacht
starrt näher und näher.

Ich finde mich nicht wieder
in dieser Todverlassenheit!
Mir ist: ich lieg von mir weltenwelt
zwischen grauer Nacht der Urangst ...

Ich wollte, ein Schmerzen rege sich
und stürze mich grausam nieder
und riß mich jäh an mich!
Und es lege eine Schöpferlust
mich wieder in meine Heimat
unter der Mutterbrust.

Meine Mutterheimat ist seeleleer,
es blühen dort keine Rosen
im warmen Odem mehr. –
... Möcht einen Herzallerliebsten haben!
Und mich in seinem Fleisch vergraben.

Else Lasker-Schüler

Meine Pein ist tiefer
als der Abgrund,
mein Herzeleid ist weiter
als die Welt,
meine Furcht ist größer
als die Berge,
meine Sehnsucht reicht höher
als die Sterne.
In diesen Dingen kann ich
dich nirgends finden.

Mechthild von Magdeburg

NÄCHTIGES ELEND

Das sind die singenden Nächte!
Da wandelt durch meine Kammer
tönender Schmerz,
ein wildes, zerströmendes Schluchzen,
das ist mein Herz,
das kann nicht schlafen
und weint.

Setz mich dann auf den Bettrand
und beginn zu singen,
wie Mütter ihr krankes Kindlein
zum Schlummern bringen:
schlafe, mein Herz, schlafe,
schlafe!...

Maria Janitschek

Bei mir in Moskau leuchten die Kuppeln,
bei mir in Moskau läuten die Glocken,
und die Grabmale stehen bei mir in Reihen,
darin schlafen Zarinnen und Zaren.

Und du weißt nicht, daß beim Morgenrot im Kreml
es sich leichter atmet als auf der ganzen Welt!
Und du weißt nicht, daß beim Morgenrot im Kreml
ich zu dir bete – bis zum nächsten Morgenrot.

Und du gehst über deine Neva
um die Stunde, da ich über der Moskva
mit gesenktem Kopf stehe,
und da den Laternen die Augen zufallen.

Mit meiner ganzen Schlaflosigkeit liebe ich dich,
mit meiner ganzen Schlaflosigkeit lausche ich dir,
um die Stunde, da im ganzen Kreml
die Glöckner wach werden.

Doch mein Fluß in deinem Fluß,
doch meine Hand mit deiner Hand
wird sich nicht vereinigen, meine Freude,
bis ein Morgenrot das andere einholen wird.

Marina Cvetaeva

IRIS · SCHWERTLILIE

JASMINUM OFFICINALIS · ECHTER JASMIN

IX

Verletzt bin ich tief drinnen

Hätt gern einen neuen Liebsten,
doch kein Leid, drum hab ich keinen.
Bin ein Täubchen, das Fliegen lernt,
wenn die Nacht sinkt, setz ich mich zum Weinen.

Lied einer Indianerin aus Peru

Ich wollte die Schönheit der Halle genießen,
ging hin, um mich dort auszuruhen;
doch traf ich unterwegs Mehi auf seinem Kampfwagen,
ihn und seine Gefährten.

Ich weiß nicht mehr, wie ich ihn meiden soll;
an ihm vorbeigehen mit verschlossenem Gesicht?
Der Weg zum Fluß scheint mir der beste,
doch meine Füße, wohin kann ich die Füße setzen?

Wie wenig kennt mein Herz doch meinen Willen:
an Mehi vorbeigehn mit verschlossenem Gesicht!
Siehst du mich denn sogleich an ihm vorbeigehn,
die Worte sinnlos an ihn richtend?

Rufen werde ich: »Ich bin ganz dein.«
Und er! Er wird mit meinem Namen prahlen
und mich dem ersten besten seiner Schar
zuweisen aufs Geratewohl.

Unbekannte ägyptische Dichterin

VERLETZT BIN ICH TIEF DRINNEN

Tränen

Ohne Tränen vorbei
gehst du in
Samt und Seide
fühlst wie ich
weine ich weine
aber dein Rock
wird nicht naß.

Ulla Hahn

DER SÜSSE SCHLAF

Der süße Schlaf, der sonst stillt alles wohl,
kann stillen nicht mein Herz mit Trauren voll,
das schafft allein, der mich erfreuen soll.

Kein Speis, kein Trank mir Lust noch Nahrung gibt,
kein Kurzweil mehr mein traurig Herze liebt,
das schafft allein, der so mein Herz betrübt.

Gesellschaft ich nicht mehr besuchen mag,
ganz einzig sitz in Unmut Nacht und Tag,
das schafft allein, den ich im Herzen trag.

Deutsches Frauenlied

O BRAUNE AUGEN

O braune Augen, Blicke abgewandt,
O Seufzer, Tränen, die wie Quellen sprangen,
ersehnte Nächte, ihr unsagbar langen,
O Tage, deren Licht vergebens schwand!

O Klagen, bittre Wünsche, unverwandt,
verlorne Zeit, o peinigendes Bangen,
O tausend Todesnetze, mich zu fangen,
O Marterrad, darauf ich ausgespannt!

O Lächeln, Stirne, Finger, Hand und Arm.
O Lautenklage, Geigenspiel so warm:
Ihr Fackeln, dran ein Weib soll Feuer fangen!

Dir trag ich's nach, der diese Glut entfacht,
mit so viel Flammen mich zum Glühn gebracht,
doch, ach, kein Funke konnt an dich gelangen.

Louise Labé

Ich bin des langen Harrens nun so müd,
der langen Schmerzen müd, so müde dessen,
der wenig Treue gab und viel Vergessen,
und dem mein Busen doch entgegenglüht,

daß ich nur *einen* rufe und beschwöre,
den, dessen Sichel alles Leben bleicht,
ihn ruf ich, dem kein andrer Tröster gleicht,
daß sich der Schmerz in meiner Brust verlöre.

Und so wie dieser sich dem Ruf verschließt,
und kein Gedanke zwingt ihn zu mir her,
so wenig kann den andern ich beflügeln –

der Träne, die das müde Aug vergießt,
erbarmt sich Bach und Fluß und Meer –
doch *er* lebt heiter auf den fernen Hügeln.

Gaspara Stampa

Verletzt bin ich tief drinnen,
da weint mein Herz so sehr.
Von meiner großen Liebe
bleibt nichts als Tränen mir.
Wie ich's auch wend, wie ich's auch kehr,
find keine Ruh bei Nacht noch Tage,
wie ich's auch wend, wie ich's auch kehr,
ich bin allein mit meiner Klage.

Frauenlied aus Flandern

Der Ton der Türe klirrt im Krug.
Die Esparsetten wippen.
Ich lös das Lächeln, das ich trug,
von meinen steifen Lippen.

Der Schlag der Türe bringt die Stund
in toter Uhr zum Ticken.
Und ich vergeß die Hand am Mund.
Die Esparsetten nicken.

Die andre liegt noch im Gewand,
umarmt von goldnen Reifen,
und kommt nach der vergessnen Hand
im Angesicht zu greifen.

Ich küsse sie, ich spiel mit ihr,
ich denke, es sei deine,
die du vergessen hast bei mir,
als du mich schlugst. – Ich weine.

Silja Walter

Unterm Schleier

Unterm Schleier verschränkt ich die Arme...
»Sag, warum bist du heute so blaß?«
»Weil ich IHN im bittersten Harme
so gequält ohne Maß...«

Wie vergeß ich's? Ach, schmerzlich sein Mund sich verzog,
als er schwankend ging von mir fort...
Und der Stufen nicht achtend, ich flog
nur ihm nach, und erreicht ihn am Tor.

Außer Atem noch rief ich: »Ach Unsinn,
ist doch alles nicht wahr! Ich sterb, wenn du gehst...«
Und da sagt er mir lächelnd, so leichthin:
»Es ist nicht gut, wenn du in der Zugluft stehst...«

Anna Achmatova

Mich freut's nicht mehr, das Haar zu kämmen.
Die Sehnsucht mir am Herzen frißt.
Und willst du meinen Kummer kennen –
schau nur, was du getan hast! – merkst du,
wie weit mir schon mein Röckchen ist?

Mädchenlied aus dem alten China

ICH ARME

Ich Arme! Bisher
war unsere Liebe
verborgen und geheim.

Doch langsam kann es jeder sehen:
mein Bauch wird immer dicker;
bald ist es Zeit für die Geburt.

Drum schlägt mich meine Mutter,
mein Vater schimpft mit mir;
weh, beide sind so hart.

Ich sitz allein zu Haus,
trau mich nicht mehr hinaus
zum Spielen.

Wenn ich mich sehen lasse,
glotzt alle Welt mich an,
als wär ich eine Mißgeburt.

Sie schielen nach meinem Bauch,
und einer stößt den andern an
und hören auf zu reden, wenn ich vorübergeh.

Mit Ellenbogen stoßen sie sich an,
mit Fingern zeigen sie mir nach,
als hätt ich wunders was getan.

Ihr Kopfnicken bedeutet:
So eine g'hört verbrannt!
Nur weil ich einmal unvorsichtig war.

Was soll ich viel erzählen?
Ich bin das Stadtgespräch
in aller Leute Mund.

VERLETZT BIN ICH TIEF DRINNEN

Der Kummer macht mich krank,
ich sterbe noch vor Leid;
bin Tag und Nacht in Tränen.

Und was noch schlimmer ist:
mein Freund hat mich verlassen
wegen der Kleinigkeit.

Aus Angst vor meinem Vater
ist er verschwunden. Am
andern Ende Frankreichs lebt er nun.

Jetzt bin ich ganz verzweifelt
weil er nicht bei mir ist
in dieser Not.

Lateinisches Mädchenlied aus dem Mittelalter

O JUNGER DONALL

O junger Donall, wenn du über das Meer fährst,
nimm mich mit dir und vergiß mich nicht;
du wirst ein Liebchen haben für schöne Tage und für Markttage,
und die Königstochter von Griechenland nachts an deiner Seite.

Gestern spät in der Nacht erzählte der Hund von dir,
die Schnepfe erzählte von dir in ihren tiefen Sümpfen.
Du bist der einsame Vogel in den Wäldern;
und mögest du ohne Schlafgefährtin sein, bis du mich findest.

Du versprachst mir – und du sagest mir ein Lüge –
daß du vor mir stehen würdest, wo die Schafe weiden;
ich pfiff und rief dreihundert Mal nach dir,
doch ich fand dort nichts, nur ein blökendes Lamm.

Du versprachst mir etwas, was schwer für dich zu erringen sei:
Ein Schiff aus Gold unter silbernem Mast,
zwölf Städte mit einem Markt in jeder Stadt
und einen schönen weißen Hof am Gestade des Meeres.

Du versprachst mir etwas, was nicht möglich ist:
Du werdest mir Handschuhe geben aus der Haut eines Fisches,
du werdest mir Schuhe geben aus dem Gefieder eines Vogels
und ein Kleid aus der köstlichen Seide in Irland.

O junger Donall, ich wäre dir mehr
als eine hochmütige, stolze Verschwenderin;
ich würde die Kuh melken, ich würde dir Helferin sein,
und wärst du hart bedrängt, ich würde einen Schlag für dich tun.

Ach Leid! Nicht aus Hunger oder Mangel an Speise
oder Trank oder Schlaf magere ich ab
und verkürzt sich mein Leben.
Die Liebe zu einem jungen Mann hat mich welk gemacht.

Am frühen Morgen sah ich ihn kommen,
er ritt zu Pferde den Weg entlang;
er kam nicht auf mich zu, er beachtete mich nicht;
und auf dem Heimweg weinte ich mein Herz aus.

Wenn ich allein zur Quelle der Einsamkeit gehe,
setze ich mich nieder und durchlebe meine Trübsal,
wenn ich die Welt sehe und meinen Liebsten nicht erblicke,
ihn, mit einem Schatten von Amber im Haar.

An jenem Sonntag gab ich dir meine Liebe,
am Sonntag, dem letzten vor Ostersonntag;
und ich, auf meinen Knien, las die Leidensgeschichte des Herrn,
und meine beiden Augen gaben dir Liebe auf ewig.

O, weh ist mir! Meine Mutter, gib mich ihm!
Und gib ihm alles, was du in der Welt hast;
gehe hinaus und bettle um Almosen
und komme nicht wieder heim und suche nicht nach mir.

Meine Mutter sagte mir, ich solle mit dir heut nicht reden,
oder morgen, oder am Sonntag;
sie wählte eine böse Zeit, mir das zu sagen;
es war, als verriegelte man die Tür, nachdem das Haus ausgeraubt ist.

VERLETZT BIN ICH TIEF DRINNEN

Mein Herz ist schwarz wie die Schwärze des Schlehdorns
oder wie die schwarze Kohle auf dem Feuerherde des Schmiedes
oder wie eine Schuhsohle auf den Fliesen einer weißen Halle;
Du bist es, der das Dunkel über mein Leben brachte.

Du hast den Osten von mir genommen,
du hast den Westen von mir genommen,
du hast mir genommen, was vor mir und hinter mir ist,
du hast den Mond und die Sonne von mir genommen;
und ich habe große Furcht, du hast Gott von mir genommen.

Unbekannte irische Dichterin

PRUNUS SPINOSA · SCHLEHE

VIOLA · WOHLRIECHENDES VEILCHEN

X

Im Labyrinth der Eifersucht

Ich ging in dich hinein wie in ein Feld
voll Sommerduft und reicher Ährenlast.
Ich baute mir in dir ein Garbenzelt
und wähnte mich in einem Goldpalast.

Die Tage flogen wild um unser Haus,
die Vögel zogen in uns ein und aus,

der blonde Weizen rieselte wie Wein
in unsern tiefen Kelch der Lust hinein.

So war mein Leben auf ein Tun gestellt:
Dein Herz umspannte meine ganze Welt,
und alle Fluren tanzten um mein Glück.

Da kamen Winde und verwirrten dich,
da kamen Falter und entführten dich,
und ließen mich im Stoppelfeld zurück.

Rosa Ausländer

DAS EWIGE BILD

Dich selber kannst, o Herr, Du von mir scheiden
mit Deinem Herzen, hart wie Diamant;
für eine andre Frau bist Du entbrannt –
seis drum, ich will Dir Deine Lust nicht neiden.

Doch raubst Du nicht Dein Bild mir. Immer weiden
die Augen sich an ihm, das unverwandt
von Anbeginn in meiner Seele stand,
seit mich die Liebe eingeweiht in Leiden.

Du raubst mir nicht mein Sehnen. Nicht erlischt
das Feuer, das sich tief in mir entzündet,
der Quell der Tränen trocknet nimmer ein.

Mein Weinen tröstet mich. Und unverwischt
glänzt mir im Herzen, das sich nie ergründet,
genoßner Liebe heilger Widerschein.

Gaspara Stampa

Für den Winter Süßigkeiten

Für den Winter Süßigkeiten,
Früchte, hatt ich eingemacht;
andre wollt ich noch bereiten,
aber du mit Unbedacht
hast mich aus dem Haus gestoßen,
eh mein Süßes du genossen.

Eine andre nimmst du heute,
deren Blüte dich entzückt.
Flüchtig ist der Lenz der Bräute,
wenn der Winter näherrückt:
Du wirst vielleicht – wer kann es wissen? –
noch meine süßen Früchte missen?

Frauenlied aus dem alten China

Wird mich das Grab von Eifersucht erlösen?
Geliebter du des Regens
und der keuschen Veilchen
die dich so oft gelockt
aus meiner ungestümen Umarmung!
Heimlich liebkoste dich der Regen
und die Veilchen warfen sich hin
vor jeden deiner Schritte wie ich
um von dir gemordet zu werden
Dichter der allein uns versteht!

Wirst du im Grab mir endlich ganz gehören?
Oder dringt auch noch dort der Regen
in dein immer offenes Herz?
Drängen die Veilchen sich noch
bis zu deinen versteinerten Füßen?

Claire Goll

Der gliederlockernde Eros stachelt mich auf,
das bittersüße, unbezähmbare Tier.

Atthis, du liebst mich nicht –
Deine Gedanken sind bei Andromeda.

Sappho von Mytilene

DAS WEISSE POEM

Heute Morgen
weiß im Reif sinnt das Märchen im Garten.
Heute Morgen
weiße Bräute gehen im Garten herum – –
So leise –
Kein Geräusch machen die Seidengewänder – –
So leise –
Wie der Nebel.

Gestern jagte ich sie fort.
Wie ein Egel sog sie mein Blut.
Weine ich?
Weine ich nach ihr?
Oder heulen die Winde im Ofenrohr?
Wo ist sie? –
Meine feuerblütige Liebe?
Ich jagte sie fort
in die leere kalte Nacht
und riegelte die Türe zu.
Ach – gestern, gestern – –

Salomėja Nėris

Wie ein Gott kommt er mir vor,
der Mann, der neben dir sitzt
und dem Klang deiner Stimme lauscht
und sich freut, wenn du lächelst.
Mir aber rast das Herz in der Brust
wenn ich dich sehe,
die Kehle schnürt sich mir zu
und die Zunge ist wie gelähmt.
Feines Feuer brennt in der Haut,
das Auge verliert an Sehkraft,
ein Dröhnen braust in den Ohren,
kalter Schweiß bricht mir aus.
Ich zittre an allen Gliedern;
bleicher als dürres Gras
bin ich mehr tot als lebendig.
Aber alles muß man ertragen...

Sappho von Mytilene

XI

*Ich will Dich eigenhändig
auf den Friedhof schleifen*

Mir wässerte der Mund nach dem Rubinenquell
meines Iskenders, doch blieb ich durstig.
Böses wünsch ich dir nicht, aber vom Himmel
erfleh ich die Gnade, daß du ein Herz lieben sollst,
das dem deinigen gleicht; wollte indessen dein Feind
dir das Schlimmste des Schlimmen wünschen,
wird er dir wünschen, du mögest verliebt sein wie ich.

Mihri Hatun

Wenn sein Phallus ein Tabaksbeutel wär,
ließ ich ihn verschwinden.
Wenn sein Phallus ein Tabaksbeutel wär
und der Mann ihn nehmen will,
um damit zu einer andern zu gehen,
an diesem Tag wär er einfach nicht mehr da.

Du suchst ihn und suchst ihn,
zusammen sucht ihr ihn,
ihr sucht ihn und sucht ihn,
bis der Mann endlich geht.

Und du, du bleibst da, ganz ruhig,
und benutzt ihn, und benutzt ihn,
bis du wieder dran bist und der Mann kommt:
»Sieh doch! Da ist er ja, der Tabaksbeutel,
den wir so gesucht haben.
Du bist es also, die ihn versteckt hat.«

Lied einer afrikanischen Sängerin der Abbey an der Elfenbeinküste

Schau, was Catherine gemacht hat.
Sie ist zum Zauberer gegangen,
damit mein Mann mich verläßt.

Zauberer! Ich gebe dir alles was du willst.
Rette mich aus meiner Not.
Dieser Mann, der mir eine Rivalin
ins Bett legen will.
Strafe ihn, Zauberer.
Er soll seine Arbeit verlieren.

Catherine Ndoki

Gott gebe dem ein böses Jahr,
der mich zur Nonne machte
und mir den schwarzen Mantel gab
und drunter einen weißen Rock.
Und wenn ich, gegen meinen Willen,
zur keuschen Nonne werden muß,
so will ich einem jungen Mann
all seine Lüste stillen.
Und stillt er mir die meinen nicht,
dann kann er was erleben.

Deutsches Frauenlied aus dem Mittelalter

TRÄNENSACK, VERSIEGELT

Sense, Mann,
spar dir deine Ansichtskarten.
Wie's mir geht, geht dich gar
nichts an. Was schern mich die
Beamtenbullen im bayrischen
Entwicklungsland? Klemm dir dein
Kuhkaff samt Euter untern Arm!
Füll deine Mappe mit dampfendem
Mist! Schick, der Studienrat mit
Doppelleben, der Freizeitanarchist.
Wir haben uns nichts mehr zu sagen!

Jahre hab ich meine Elefantenliebe
an deine Hühnerbrust geschmissen.
Jahre warmen Honig um dein kaltes
Maul geschmiert. Wir soffen viel
und nannten uns Asketen. Schwebten
als Engel durch die Dunkelkammer:
statt Blut in den Adern nur heiße
Luft. Ich wollte deinen Nabel küssen,
dein verschlossenes Geschlecht.
Du aber wolltest plötzlich weg.

Sense, Mann,
spar dir deine Ansichtskarten.
Wie's mir geht, geht dich nichts
mehr an. Was schert mich ein
Komantsche, der sich morgens
einen Scheitel durch die Federn
zieht? Ich wickle mich aus deiner
Haut, dem attraktiven Leichentuch.

ICH WILL DICH EIGENHÄNDIG AUF DEN FRIEDHOF SCHLEIFEN

Ich klettere aus deinem schimmel-
blauen Augengrab. Schlag deine
Haken ohne mich, ich liebe keine
Hasen! Pfeif deinen Traum zurück
in die Nacht! Ich träume tags und
seil mich stündlich von dir ab.

Barbara Maria Kloos

XERABO! DU BIST WIRKLICH SCHLECHT!

Xerabo, Xerabo! Du bist wirklich schlecht!
Meine Worte berühren dich nicht.
Deine Güter sind zahlreich, mögen sie dir Kummer bereiten!
Xerabo, Xerabo, Törichter! Du hast dein Lamm gegen eine
Ziege eingetauscht, deine Rose gegen eine Feldblume!
Xerabo, Törichter! Unglück über dich!
Unglück über dein Herz!
Unglück über deine Familie und deine siebzehnhundert Ahnen!
Unglück über deine Liebe! Unglück über deinen Verstand!
Mich, die rassige Stute, die man im hinteren Teil des Stalls
anbindet, mich hast du aufgegeben für diese Schindmähre!
Xerabo, Törichter! Ich habe erfahren, daß du geheiratet hast,
daß du um die Hand eines Mädchens angehalten hast!
Wenn sie besser ist als ich, soll Gott eure Verbindung segnen!
Wenn nicht, werde ich dich nicht länger verfluchen:
du bist mir unerreichbar!
Aber möge der Herr dafür sorgen, daß dein Körper zerfällt
und nur ein Haufen Knochen von dir übrigbleibt,
dem Wind schutzlos ausgesetzt!
Mögest du blind werden und auf meine Gnade angewiesen sein!
Möge der Herr dafür sorgen,
daß dich eine unheilbare Krankheit befällt.
Ich werde früh aufstehen, um dich eigenhändig auf den
Friedhof zu schleifen.

Frauenlied aus Kurdistan

PRUNUS AVIUM · SÜSSKIRSCHE

Tab. 147.

ACER CRATAEGIFOLIUM · WEISSDORNBLÄTTRIGER AHORN

VERZWEIFLUNG

I.

Die Erde wird dir zur Stiefmutter werden,
wenn du meine Seele verkaufst.
Alle Wasser bringen dir
Schüttelfroste von Qual.
Die Welt wurde schöner, als du
mich zur Verbündeten machtest,
als wir wortlos unter
dem Weißdorn lagen und
die Liebe und der Weißdorn
uns verwundeten mit ihrem Duft.

Aber die Erde heckt Schlangen,
wenn du meine Seele verkaufst.
Ich will meine unfruchtbaren
leeren Knie zerschlagen.
Christus verlöscht mir im Herzen,
und die Tür meines Hauses
quetscht dem Bettler die Hand
und schafft Luft für meine Qual.

II.
Jeder Kuß, den du gibst,
hallt wider in meinem Ohr,
denn die tiefen Grotten
bringen mir deine Worte zurück.
Der Staub auf allen Wegen
hält den Geruch deiner Fährte,
ich nehme sie auf und folge
wie ein Hirsch dir über die Berge.

ICH WILL DICH EIGENHÄNDIG AUF DEN FRIEDHOF SCHLEIFEN

Wenn du eine andre liebst, dann malen
auf mein Haus sie die Wolken.
Geh wie ein Dieb und küß sie
im dunkelsten Schoß der Erde,
aber wenn du ihr den Kopf hebst,
ist es mein Gesicht in Tränen.

III.

Gott will nicht, daß die Sonne
dir scheint, wenn nicht an meiner Seite.
Gott will nicht, daß du trinkst,
wenn ich nicht im Wasser zittre.
Er will nicht, daß du schläfst,
außer in meinem Haar.

IV.

Wenn du gehst ... noch im Moos
des Wegs trittst du auf meine Seele.
Auf jedem Berg und in jeder Ebene
wird dich Hunger beißen und Durst.
Die blutenden Nachmittage
sind, wo du auch bist, meine Wunden.
Ich fließe von deiner Zunge,
auch wenn du eine andre nennst,
und ich brenne wie eine salzige
Lauge in deiner Kehle.
Und ob in Haß oder Sehnsucht,
wen du rufst: bin immer ich!

ICH WILL DICH EIGENHÄNDIG AUF DEN FRIEDHOF SCHLEIFEN

V.

Wenn du gehst und fern von mir stirbst,
wird für zehn Jahre unter der Erde
deine Hand sich zur Schale krümmen
um meine Tränen aufzufangen.
Du wirst spüren wie dein
armes Fleisch dir zittert,
bis sie den Staub meiner Knochen
dir auf das Gesicht streun.

Gabriela Mistral

ICH WILL DICH EIGENHÄNDIG AUF DEN FRIEDHOF SCHLEIFEN

Einst war ich der Tag –
als ich blütenumlacht
im Mädchentraum lag –
nun bin ich die Nacht.

Bin die lockende Nacht,
trage Sterne im Haar,
und viel Dunkel gebracht
hat mein Augenpaar.

Den Knaben zumeist
biet' ich giftige Frucht,
die mit schüchternem Geist
nach Liebe gesucht.

Und so bin ich, ich weiß,
all der Mütter Qual,
deren Söhnen mit Fleiß
ich die Seele stahl.

Einst war ich der Tag,
als ich blütenumlacht
im Mädchentraum lag;
nun bin ich die Nacht.

Margarete Beutler

ICH WILL DICH EIGENHÄNDIG AUF DEN FRIEDHOF SCHLEIFEN

XII

Nun bist du fort

NAUSIKAA

Komm wieder ans Land
Tangüberwachsener
Muschelbestückter
Triefender Fremdling
Du
Noch immer der alte
Voll von Männergeschichten
Fragwürdigen Abenteuern
Lieg mir im grasgrünen Bett
Berühre mit salzigen Fingern
Mein Veilchenauge
Meine Goldregenlocken
Fahr weiter nach Ithaka
In dein Alter in deinen Tod
Sag noch eins
Eh du gehst.

Marie Luise Kaschnitz

Du lebst. Den Himmel deiner Züge schlürfend,
bin ich, mit deinem Lachen, rein gespeist,
was weiß ich, wann du, Sichres nicht bedürfend,
mich einmal Hungers sterben heißt.

Allein und immer staunend, wie ich fahre,
hab ich nicht Zukunft, keiner Hütte First,
ich fürchte mich vorm Haus, vorm Tag, vorm Jahre,
da du mich leiden machen wirst.

Selbst wenn ich in den Lüften, die mich fassen,
dich sehe, und dein Herz ist unverdorrt,
etwas von dir will immer mich verlassen,
indem du bist, gehst du schon fort.

Du gehst, ich bleibe gleich dem scheuen Hunde,
der mit der Stirn auf sonnenweißem Sand
zu fassen sucht in dem beirrten Munde
den Falterschatten, der entschwand.

Du gehst, mein Schiff, die Meere, die dich wiegen,
rühmen dir künftige Entzückung dort,
und doch, die Ladungen der Erde liegen
in meinem stillen Hafenort...

Anne de Noailles

NUN BIST DU FORT

Ach, nun bist du fort,
und es gibt auf dieser Welt
weder Kirschenflor
noch des Ahorns bunte Pracht,
bis du wieder bei mir bist.

Yanagiwara Yasuko

Du sendest Schätze mich zu schmücken!
Den Spiegel hab ich längst nicht angeblickt.
Seit ich entfernt von deinen Blicken,
Weiß ich nicht mehr was ziert und schmückt.

Kaiserin Me Fe

Weißer Nebeldunst
   steigt aus Frühlingswiesen auf,
doch die Wandergans
fliegt in fremde Länder fort,
wo es keine Blumen gibt –

Hofdame Ise, Geliebte des Kaisers Uda

An mein Gartentor

An mein Gartentor
flattern um den Beerenstrauch
tausend Vögelein –
Tausend Vögel fliegen her,
du allein bleibst immer fern –

Unbekannte japanische Dichterin

Herrlich sprießt und blüht der Wald,
alle Blumen, alle Blätter.
Wo ist mein vertrauter Freund?
Er ist fortgeritten.
Ach, wer wird mich lieben,
jetzt, wo der Wald in Blüte steht? –
Nach meinem Freund ist mir so weh!

Lateinisches Frauenlied aus dem Mittelalter

NUN BIST DU FORT

Rieselt ein feiner Regen wie Perlen,
mein Herzgeliebter sattelt sein Roß nun,
Arbeit zu suchen im Wlachenlande;
reitet davon.

Ich aber bitt ihn, ich aber sag ihm:
bleibe mein Liebster nur dieses Jahr noch,
nur dieses Jahr noch und diesen Winter;
reitet davon.

Geld kann man, Liebster, immer verdienen,
aber die Jugend ist wie ein Tau nur:
glitzert am Morgen, schwindet am Tage;
reitet davon.

Mädchenlied aus Bulgarien

NUN BIST DU FORT

Über den wogengemusterten Grund des Meeres,
über den weiten, sonnverbrannten Grad der Welt
heiße ich die Winde dich suchen.
Ich heiße sie dir zurufen
spät und früh
einen Namen, den du einst liebest;
ich heiße sie dir bringen
Träume und wundersame Gesichte und Schlaf.

Ella Young

ICH SUCHE DICH

Lied, das im Schlummer des geliebten Mannes tönt!
Wenn alles eingesammelt, Ruf, Gespräch und Glossen
wie Kinderspielzeug abends in den Schrank verschlossen,
die schwarze Mutter stumm in Schleiern und gekrönt

auf Treppen hoher Türme niederschreitet,
ein Lager streifend mit umflortem Mond bescheint,
der Silberlampe; wenn sie lautlos weint
und Krankentrunk aus Mohn und Asphodel bereitet:

Dann hör ich deine Atemzüge gehn.
Du singst. Ich suche dich und soll dich nie erlangen.
Ach, jeder weist mir, daß du heimlich fortgegangen –
wie lang? Wohin? Ich kann dich nicht mehr sehn.

So weit bist du, so weit getrennt von meiner Seele,
ob auch dein Leib so nah an meinem Leibe blieb;
ich rühre deine Achsel: Du. Ich hab dich lieb...
Und fühle Worte, die ich tags voll Scham verhehle,

und doch will dies Gesicht, das über deins sich beugt,
den Schläfer nimmer wecken, will nur betend wachen,
daß nicht der Raum verfällt zur Höhle grauer Drachen,
die einst den Knabentraum in wirre Angst geäugt.

Und doch weiß dieses Herz, daß Stundenschläge splittern,
da du, ihm abgewendet, niemals wiederkommst.
Stern, der du über mir im warmen Dunkel glommst,
wann werd ich einsam vor durchschneiten Morgen zittern?

Du weißt es nicht. Und bist am Ende schon bereit
und fliehst mich ohne Hast auf deinen fremden Wegen –
Ich mag die Schläfe still an deine Schulter legen,
die Hände auf mein Herz, das um Erbarmen schreit.

Gertrud Kolmar

NUN BIST DU FORT

HIBISCUS ROSA-SINENSIS · ROSENEIBISCH

Verbena rugosa.

VERBENA OFFICINALIS · EISENKRAUT

Es ist Morgen
Du gehst
und ich gehe mit

ich liege im Bett
und höre dich gehen
und ich geh mit dir

Du gehst die Treppe hinunter
Du gehst durch die Tür
Du gehst auf der Straße
Es ist Morgen

Und Du gehst
zwischen Tauben
und Pfützen dahin
Du gehst
und ich liege
und gehe mit Dir.

Keto von Waberer

NUN BIST DU FORT

Weit ist mein Geliebter, weit,
weiß nicht, ob noch am Leben.
Selbst das kleine Vögelein kann mir nicht Kunde geben.

Frauenlied aus Finnland

DIE ORCHIDEE AUS STAHL

Dich lieben in diesem Krieg, gleichzeitig
reibt er uns auf und bereichert uns.
Dich lieben, nicht daran denken, wie die Zeit verrinnt,
wie über unsere Küsse der Abschied kommt.
Dich lieben in unserem eigenen Krieg
mit Beinen und mit Armen
dich lieben mit Angst im Hals.
Dich lieben ohne Kenntnis des Tages unseres Abschieds
oder des Wiedersehns,
denn zwischen unseren verschlungenen Körpern
stieg heute die Sonne auf,
unser Lächeln war schläfrig am Morgen.
Dich lieben, denn ich habe deine Stimme gehört,
und warte nur darauf, dich zu sehen, wie du aus der Nacht auftauchst.
Dich lieben in dieser ganzen Ungewißheit,
fühlen, unsere Liebe ist ein Geschenk,
eine Pause in so viel Leid und im Kugelregen,
ein Augenblick in den Kampf eingefügt,
damit wir nicht vergessen, wie sehr die Haut Zärtlichkeit braucht,
wenn wir uns lieben, Geliebter,
eingeschlossen in einem dreieckigen Land.

Gioconda Belli

NUN BIST DU FORT

ICH MÖCHTE GERNE

Ich möchte gerne wieder lauschen dem Rauschen
des Zuges, der mich in die Ferne bringt,
der Schiene, die die Weise singt
von Ferne – so gerne.
Ich möchte gerne wieder Mensch sein
und ganz allein
mit dir auf einem Fleckchen stehn,
den Himmel, Mond und Sterne sehn
hinter den Stangen – und nicht gefangen.

Erika Taube

NUN BIST DU FORT

Ich warte auf Post, auf diese kleine Karte –
auf der die teure Hand so zagend schrieb
in jener fremden, feindlichen Sprache seltsame Sätze,
vorsichtige Antworten, scheue Fragen,
Worte, die so sehr trösten wollen,
den Sehnsuchtsschmerz lindern und den Alptraum.
Tag um Tag vergeht in hoffnungslosem Grau,
und samstagmorgens unerschütterlich –
warte ich auf Post, auf diese kleine Karte...

Maria Kociubska

ES STEHT DIE NACHT

Es steht die Nacht, es flieht der Traum,
der Flieder duftet.
Hinter dem siebten, siebten Berge wo –
da wohnst du.
Die Zeit verstreicht, über den Wiesen
dauert die Nacht.
Hinter Drähte, hinter Gitter
hat man mich gebracht.
Und von mir bis zu dir
ist es so weit,
kein Vogel fliegt hier
vorbei.
Und von mir bis zu dir
ist es so nah,
daß hämmernd die Schläfen pochen,
der Atem stockt.
Über dem Wald, ach, ferne
ziehen Nebel,
doch hinter dem siebten, siebten Berge
da wohnst du.
Ich geb dir mein trauriges Herz,
die schweren Träume,
ich gebe dir meine Unruhe,
meine Schmerzen und Tränen.

Zofia Karpinska

XIII

Der schwarze Zug kommt

NIE HAB ICH, HEILGE ENGEL, EUCH BENEIDET

Nie hab ich, heilge Engel, euch beneidet
um all den Glorienschein, der euch umhüllt,
um euer Sehnen, das sich selber stillt,
da niemals ihr von Gottes Anblick scheidet;

Denn mein Entzücken ist so ohne Grenzen,
daß Herzen hier auf Erden es nicht fassen,
und meine Augen können ihn nicht lassen,
und meine Lieder müssen ihn bekränzen.

Und wie im Himmel seligstes Erquicken
von Gottes Antlitz auf euch überfließt,
so muß auf Erden mich sein Anblick blenden.

In einem nur besiegt ihr mein Entzücken:
daß ewigkeitsgegründet eure Freude ist –
und meine kann so bald, so plötzlich enden...

Gaspara Stampa

Ich hab die Nacht geträumet

Ich hab die Nacht geträumet wohl einen schweren Traum.
Es wuchs in meinem Garten ein Rosmarienbaum.

Ein Kirchhof war der Garten, ein Blumenbeet das Grab.
Und von dem grünen Baume fiel Korn und Blüte ab.

Die Blätter tät ich sammeln in einen goldnen Krug,
der fiel mir aus den Händen, daß er in Stücken schlug.

Draus sah ich Perlen rinnen und Tröpflein rosenrot:
Was mag der Traum bedeuten? Ach, Liebster, bist du tot?

Deutsches Volkslied

LIEBE MUTTER

Liebe Mutter, sollte jung ich sterben,
mach mir ja nicht einen Sarg aus Brettern,
mach ihn mir aus jungen Helden:
Leg an jede Seite mir schöne junge Helden
und zum Kopf mir meinen Allerliebsten:
Wenn ich aufwach, kann ich ihn gleich küssen.

Mädchenlied aus Kroatien

DER SCHWARZE ZUG KOMMT

DIE DREI BLÄTTER

U nter dem Blatt
des Eisenkrauts
liegt mein kranker Geliebter.
O, welch Schmerz!

Unter dem Blatt
des Lattichs
liegt mein kranker Geliebter.
Das Fieber ist heiß.

Unter dem Blatt
der Petersilie
liegt mein kranker Geliebter.
– Ich kann nicht zu ihm.

Spanisches Frauenlied aus Andalusien

Wenn du nach Unu gehst

Wenn du nach Unu gehst, möcht ich dein Weg sein,
   deine Rose im erblühten Garten möcht ich sein,
deine Liebste, die im Bette wartet, möcht ich sein.
Mein Mehmet, mein Mehmet, mein Löwen-Mehmet!
Mein Mehmet, setz dich auf den Schimmel.
Auf den Schimmel stiegen Fremde, ach Mehmet.

Von Unu tönt Mehmet's Stimme.
Was haben die grausamen Feinde mit Mehmet zu tun?
Meinen Mehmet erwartet zu Haus seine Mutter.
Mein Mehmet, mein Mehmet, mein Löwen-Mehmet!
Mein Mehmet, mach dich auf den Weg nach Unu.
Auf deinen Schimmel stiegen Fremde, ach mein Mehmet.

Ich kam nach Unu, meine Heimat ist jetzt leer.
Ich kam zum Stall, mein Schimmel, der hat Durst.
Ich kam nach Haus, mein Kind ist nun verwaist.
Mein Mehmet, mein Mehmet, mein Löwen-Mehmet!
Warum gabst du dein süßes Leben dahin, ach mein Mehmet?

Totenklage einer Frau aus der Süd-Türkei

ICH, JUNGFRAU UND WITWE

Ich, Jungfrau und Witwe, traure um meinen Geliebten.
Nie mehr wird er meine Lippen küssen;
die kalte Welle ist sein Brautbett,
die kalte Welle ist sein Hochzeitsgewand.
O Geliebter, mein Liebster, wäre ich im Boot bei dir gewesen,
mein Zaubergeist hätte dich vor Unheil bewahrt;
denn meine Gewalt über Wellen und Winde ist stark,
und allen bösen Geistern hätte vor mir gebangt.
O Geliebter, mein Liebster,
ich scheide von hinnen, um dir im Himmel zu begegnen.
Ich will Gott bitten, daß er mich dein Antlitz schauen läßt.
Wenn die leuchtenden Engel mir meinen Geliebten wiedergeben,
werde ich den Allmächtigen auf seinem Throne nicht beneiden.

Totenklage der Eileen, einer Fischerstochter an der Westküste Irlands

DER SCHWARZE ZUG KOMMT

DER SCHWARZE ZUG KOMMT

Der schwarze Zug kommt, kommt und fährt vorbei.
Meine Wunde, die noch nicht heil ist, öffnet sich wieder.
Zehn Gefreite, fünf Unteroffiziere
saßen bei meinem Liebsten und schnitten sein Leichentuch.

Der schwarze Zug pfiff vor der Landungsbrücke.
Mein Liebster fuhr nach Erciyes.
Wenn mein Kohlenschwarzäugiger nicht kommt, wie ich es will,
rosten die Eisen an meinen Schuhen.

Du zogst die Tuchhose an. Sagtest du nicht, sie wäre zu eng?
Als du zur Übung gingst, sagtest du nicht, es wäre schwer?
Der Todesengel kam. Als er dein Leben nahm,
sagtest du nicht: Daheim wartet die Braut?

Totenklage einer Braut aus der Süd-Türkei

BESCHÜTZER

Beschützer,
wie des Baumes Schatten warst du mir,
wie des Lebens Weg,
klar wie des Wasserfalls Kristall.

In diesen Zweigen nistete
mein Herz.
In deinem Schatten blühte
meine Lust.

Wie ist es möglich, daß
du so alleine gehst,
daß du nicht wiederkommst,
die Augen aufzuschlagen?

Auf welchen Wegen mußt du ziehn,
da du mich zurückläßt
und niemals wiederkommst – ach –
deine Lippen nur zu öffnen?

Welcher Baum
wird mir jetzt Schatten bieten?
Welcher Wasserfall
schenkt mir sein Lied?

Wie konntest du mich
so alleine lassen?
Eine Wüste wird die Welt für mich.

Totenklage einer Indianerin aus Peru

DER SCHWARZE ZUG KOMMT

Der Sturm ließ nach. Mit seinem Wüten
hat er den Frühling bitter ausgeraubt.
Verstreut rings auf den Wegen flattern Blüten
und hauchen ihren Duft aus in den Staub...
Die Dinge, die einst waren, sind noch heute –
nur er, der einmal mein war, ist nicht mehr.
Und immer stiller wird es um mich her.
Was denken wohl die Leute –
Ich möcht ja auch so gern gesprächig sein.
Doch eh ich noch ein Wörtchen sagen kann,
treten mir Tränen in die Augen und ich wein...

Am Schuang-Hsi, hör ich die Leute sagen,
dort hält der Frühling länger an.
Gern würde ich die Reise wagen
und ruderte hinaus.
Nur fürcht ich, so ein leichter Kahn
hält solche Last nicht aus.
Wie könnt er denn auch so viel Leid
und Traurigkeit
ertragen!

Li Tsching-dschau

Prunus persica S. Z.

PRUNUS PERSICA · PFIRSICH

GLADIOLUS · GLADIOLE

Ich such und such im Haus herum –
nur Einsamkeit ist's, was ich find –
So trüb, so trostlos, traurig, stumm
rings um mich alle Dinge sind.
Wie könnt die Seele ruhig sein
um diese Zeit, bald warm, bald kühl.
Wie kehrte Seelenfrieden ein,
wo ziellos wird das nächste Ziel –
wer meistert da noch sein Gefühl,
wenn selbst die Lüfte unruhig sind –
wenn Sturm wird aus dem Abendwind,
wen wärmt da noch ein Schälchen Wein?
Wildgänse ziehn
mit schrillem Schrei
hoch über mir vorbei, vorbei –
Ich kenn sie noch – sie kannten ihn –
Die Blumen welken ringsumher,
und sie vergilben Tag um Tag.
Wo findet sich noch irgendwer,
der solche Blumen pflücken mag?
Am Fenster steh ich ganz allein,
versunken tief im dunklen Traum –
O, welches Dunkel hüllt mich ein!
Der Regen raunt im Wutung-Baum –
Die Dämmerung sinkt schwer wie Blei.
Der Regen tropft in einem fort –
So grausam zieht der Tag vorbei –
Sag nicht, das Wörtchen Kummer wär
für dieses trübe Einerlei
das rechte Wort!

Li Tsching-dschau

DER SCHWARZE ZUG KOMMT

DAS KISSEN

Das Kissen, wie ich's auch wende –
auf jeder Seite ist's heiß . . .
Die zweite Kerze zu Ende,
geht aus. Krähen Gekreisch
wird lauter und lauter . . .

Ich liege wach. Wie Gespenster
gehen Gedanken im Kreis.
Der Vorhang leuchtet am Fenster
in unerträglichem Weiß.
Ich grüße Dich, Trauter . . .

Anna Achmatova

Erlauchte Geister! Neid beschleicht mein Herz.
Es weiß euch treu in eurer Liebe Bunde
und fühlt: Euch dünkt noch köstlich-süß die Wunde
des Todes – uns ein qualvoll-bittrer Schmerz.

Das Schicksal geizte nicht mit schönem Gut
bei seinem Werk; nicht schloß des Lebens Runde
sich früh dir, dir sich spät: in gleicher Stunde
gingt ihr zur reinen Welt, wo ihr nun ruht.

Wenn schon die Brunst der Liebe zweier Sinne
so eint – wie mag die himmlische Natur
den Leib und Lieb die Herzen überflammen

in der Unsterblichkeit? Gesegnet nur
sei euer Tag, gepriesen jene Minne,
die solchen Bund untrennbar fügt zusammen.

Vittoria Colonna

DER SCHWARZE ZUG KOMMT

XIV

Verwelkt ist meine Brust

Ich bin so voll von Liebe und bewegt
von Winden wie ein Baum, der Blüten trägt.

Die Pfirsichblüten schneien vom Geäst,
es blüht mein Baum zum heiligen Frühlingsfest.

Nun steigt der kühle Herbstwind aus der Bucht.
Ich stehe kahl und trage keine Frucht.

Es regnet Asche. Meine Wange glüht.
Der Pfirsichbaum hat allzusehr geblüht.

Lied eines chinesischen Mädchens aus Mo-ling

Gleich bei meinem Haus
wird der Kirschenblütenbaum
bald entblättert sein –
Käm doch einer, ihn zu sehn,
eh der Wind ihn ganz zerzaust!

Prinzessin Shikishi

Deine Küsse dunkeln auf meinem Mund.
Du hast mich nicht mehr lieb.

Und wie du kamst –!
Blau vor Paradies;

Um deinen süßesten Brunnen
gaukelte mein Herz.

Nun will ich es schminken,
wie die Freudenmädchen
die welke Rose ihrer Lende röten.

Unsere Augen sind halb geschlossen,
wie sterbende Himmel –

Alt ist der Mond geworden.
Die Nacht wird nicht mehr wach.

Du erinnerst dich meiner kaum.
Wo soll ich mit meinem Herzen hin?

Else Lasker-Schüler

Solange meine Augen Tränen geben,
dem nachzuweinen, was mit dir entschwand;
solang in meiner Stimme Widerstand
gegen mein Stöhnen ist, so daß sie eben

noch hörbar wird; solange meine Hand
die schöne Laute von so lieben Dingen
kann singen machen, und sich unverwandt
mein Geist dir zukehrt, um dich zu durchdringen:

solang hat Sterben für mich keinen Sinn.
Doch wenn ich trocken in den Augen bin,
die Stimme brüchig wird, die Hand nicht mag,

und wenn mein Geist mir hier die Kraft entzieht,
durch die ich mich als Liebende verriet:
so schwärze mir der Tod den klarsten Tag.

Louise Labé

DIE VERLASSENE

Du irrst dich. Glaubst du, daß du fern bist
und daß ich dürste und dich nicht mehr finden kann?
Ich fasse dich mit meinen Augen an,
mit diesen Augen, deren jedes finster und ein Stern ist.

Ich zieh dich unter dieses Lid
und schließ es zu und du bist ganz darinnen.
Wie willst du gehn aus meinen Sinnen,
dem Jägergarn, dem nie ein Wild entflieht?

Du läßt mich nicht aus deiner Hand mehr fallen
wie einen welken Strauß,
der auf die Straße niederweht, vorm Haus
zertreten und bestäubt von allen.

Ich hab dich liebgehabt. So lieb.
Ich habe so geweint ... mit heißen Bitten ...
und liebe dich noch mehr, weil ich um dich gelitten,
als deine Feder keinen Brief, mir keinen Brief mehr schrieb.

Ich nannte Freund und Herr und Leuchtturmwächter
auf schmalem Inselstrich,
den Gärtner meines Früchtegartens dich,
und waren tausend weiser, keiner war gerechter.

Ich spürte kaum, daß mir der Hafen brach,
der meine Jugend hielt – und kleine Sonnen,
daß sie vertropft, in Sand verronnen.
Ich stand und sah dir nach.

Dein Durchgang blieb in meinen Tagen,
wie Wohlgeruch in einem Kleide hängt,
den es nicht kennt, nicht rechnet, nur empfängt,
um immer ihn zu tragen.

Gertrud Kolmar

VERWELKT IST MEINE BRUST

Der graue Fels bin ich
und der graue Regen auf dem Fels:
Es ist die graue Woge...
dieser graue Hund.

Was ist es denn, alt zu sein:
Es ist zu sein wie das graue Moos im Winter.
Alasdair-mo-ghaol,
lang ist es her, daß ich lachte.

Alasdair-mo-ghaol,
verwelkt ist meine Brust,
von der du einst sagtest, sie sei weiß
wie die Cannablüte im Wind.

Lied einer alten Frau auf der irischen Insel Tiree

Wenn die Blume welkt,
büßt sie ihre Farbe ein;
nur das Menschenherz
wird mitunter liebeleer,
ohne daß es einer merkt –

Ono no Komachi

Nein, so lieb du mir bist,
  such eine Jüngre zum Schlafen dir;
seit ich älter bin
reizt mich das Spiel der Liebe nicht mehr.

Sappho von Mytilene

Nicht einmal im Traum
soll er mich je wiedersehn.
Denn jeden Morgen,
wenn ich mein Gesicht verwelkt
im Spiegel seh, schäm ich mich.

Hofdame Ise

Hör, sie klatschen.
Ihre Schädeldecken –
feine, Fünfmarkstück-große Löcher –
sind durch die Erde zu sehen.
Der Wurmhumus, der sie umgibt,
ist in Bewegung; wir machen es gut.

Lieber, wir sind Teil einer Ausstellung.
Es gibt keine private
Sinnlichkeit.
Wenn du auf mich fällst, machst du mich
wählerisch, zu einer weltoffenen Frau!
Andere haben diese Dinge vor uns getan.
Ein Mann wie du bist in einer Lawine
von Liebe auf mich gefallen
oder auf eine andere, die mir gleicht.
Andere haben diese Dinge vor uns getan.
Die meisten von ihnen sind jetzt tot.

Wir stehen plötzlich wie beim Namen gerufen auf;
wir haben nur tot gespielt.
Wo sind unsere Namen? Wer hat uns gesehen?
Wir sind jetzt von feiner Konsistenz,
süß und mild wie Äpfel,
unsere Körper unschuldig.

Ich glaube, es sind all diese toten
Leben in dir, die ich liebe,
tote Männer, zu Wurzeln gewachsen,
stark und liebend in der Erde,
die ein neues Universum festhalten.
All diese braven Ehemänner!
Es gibt nichts Tötliches in ihrem Tod.
Ihre Golfball-großen Augen bewundern uns –
Unsere Liebe ist Pantomime.

VERWELKT IST MEINE BRUST

Es ist ein Drehbuch, das wir geerbt haben.
Es ist ein Opfer an die Götter, die uns übriggeblieben sind,
ihr Blut, das in uns fließt,
ihre verbrauchte Liebe steigt
in unsere neuen Körper auf.

Joyce Carol Oates

SYRINGA VULGARIS · GEMEINER FLIEDER

ROSMARINUS OFFICINALIS · ROSMARIN

Still lag ich da, vom Vorhang halb verhüllt;
die blanke Diele deckten Binsenmatten,
von Rosmarinduft war der Raum erfüllt,
durchs Fenstergitter spielten Efeuschatten.

Da fühlt ich ihn sich sachte zu mir neigen,
er wähnte mich im Schlaf. Ach, arme Kleine,
hörte ich ihn sagen – dann ein tiefes Schweigen –
er wandte sich – ich wußte, daß er weine.

Er hob mir nicht das Tüchlein vom Gesicht,
noch faßt' er meine Hand; er rührte nicht
ans bleiche Laken, an die weichen Kissen:

einst hatt er mein nicht acht; der Toten galt
sein Mitgefühl; und süß ist's mir, zu wissen,
er ist noch warm, bin ich auch starr und kalt.

Christina Rossetti

Und draußen steht eine bange Nacht;
die Zeit, sie flieht und der Flieder blüht!
Hinter dem siebenten Berg bist du.
Hinter Drähten, hinter Drähten warte ich.

Mein Herz, mein Herz, das sehnt sich nach dir
und weint und weint ach so lange.
Hinter die Drähte hierher zu uns
fliegt kein Vogel, fliegt kein einziger Vogel.

Und draußen steht eine bange Nacht.
Zeit verrinnt, und dieser Krieg, er dauert an.
Hinter den Drähten verende ich,
hinter Drähten, hinter Drähten ende ich.

Zofia Karpinska

Das Angesicht der Welt hat sich gewandt,
seitdem ich deiner Seele Fußtritt hörte,
wie er sich leise, leise zu mir kehrte,
bis zwischen mir sie und dem Abgrund stand,

wo schrecklich, sichtbar mich der Tod gebannt.
Die Liebe war's, die meinem Sinken wehrte
und meinem Leben neuen Rhythmus lehrte.
Ich trink den Schmerzenskelch, den Gott gesandt,

und preise süß ihn, bleib ich nur bei dir.
Was Heimat mir und Himmel hieß, versinkt
vor deiner Nähe, sei es dort, sei's hier.

Die Laute, die mir gestern wert gedünkt,
ihr Engel wißt es, ist heut teuer mir,
nur weil dein Name hold in ihr erklingt.

Elizabeth Barret-Browning

XV

Komm und entdecke mich neu

BLEIB MIR ERHALTEN

Bleib mir
erhalten, bis ich
Lebewohl dir sage
mit einem Lachen,
das bis über beide
Ohren reicht
und das Gesicht
verschwinden läßt
in einer Welle,
die alles mitreißt,
was da traurig war
und ernst.

Renate Rasp

Liebster komm zu den Hügeln,
komm und entdecke mich neu,
dort wo mein Geist sich formte,
Liebster komm zu den Hügeln.

Neu sind wir wie der nackte Morgen,
frisch vom Atem der Dämmrung erfüllt.
Barfuß rennen wir aus der Stadt,
tänzeln hinauf zu den Hügeln.

Dort, mein Liebster, dort auf den Hügeln,
zwischen den vielen pochenden Dingen
werde ich, Liebster, unter den Himmeln
neu und nackt sein, dort auf den Hügeln.

Liebster komm zu den Hügeln,
komm und entdecke mich neu,
dort wo mein Geist sich formte,
Liebster komm zu den Hügeln.

Efua Theodora Morgue

Ich will mein Trauern lassen.
Laßt uns auf die Heide gehen,
meine lieben Freundinnen,
wo die schönen Blumen stehen.
Ich sage dir, ich sage dir,
mein Allerliebster, komm mit mir.

Süße Liebe, zarte Liebe,
winde mir ein Kränzelein!
Das bekommt der schöne Mann,
der Frauen richtig lieben kann.
Ich sage dir, ich sage dir,
mein Allerliebster, komm mit mir.

Deutsches Frauenlied aus dem Mittelalter

HÄUSLICHE WUNDER

Das Gestampfe von Hufen
muß meine Schenkel getroffen haben
in schillernden Mustern.

Süßer Moderduft
steigt auf aus vergilbten Seiten
eines vergessenen Tagebuchs,
fremd selbst in meiner Hand.

Die Kinder fremder Leute schwimmen
auf den ölschimmernden Wellen –
ihr Geschrei, ihre Arme weiß,
sie ertrinken in ihrer Freude.

Mein Liebster: du machst mich unvergänglich
wie die ausgegrabenen unschönen Tonbüsten
vergessener Völker des nahen Ostens.

In deiner Nähe denkt mein Körper:
Irgendein Wunder muß geschehen.

Joyce Carol Oates

Wenn der Schnee von jenen Höhen
niederschmilzt ins stille Tal,
laß mich dich noch einmal sehen,
küsse mich zum letztenmal.

Wenn der Blütenstaub der Weiden
dich umfliegt mit zartem Duft,
werd ich mit dem Winter scheiden,
weil der Frühlingshauch mich ruft!

Denn mich locken die Verwandten,
mich, der Elemente Kind;
Was sie zur Gestalt hier bannten,
lösen leise sie und lind.

Dann umschmeichl ich dich als Welle,
spiel als Zephyr dir im Haar,
flattre vor dir als Libelle,
jung mit jedem jungen Jahr.

Lieg als Ranke dir zu Füßen,
blick als Blume dir ins Herz:
Grüße dich in tausend süßen
Lenzgebilden – ohne Schmerz.

Luise Adelaide Schopenhauer

Drunten liegt noch Schnee;
doch der Frühling ist schon da –
und der Nachtigall
Träne, die gefroren war,
wird nun bald geschmolzen sein!

Kaiserin Nijô

In zwei Hälften schneide
ich die Novembernacht;
eine davon kleide
ich in meines Kissens Seide,
klug auf den Mai bedacht.
Kommt der, den ich ersehne,
roll ich sie auf und dehne
die kurze Frühlingsnacht.

Hwang Chin-i

Nun laß nicht Blick noch Wort mehr zeigen,
was wir uns schenkten, ich und du!
Wir decken vor uns selbst mit Schweigen
die eine süße Stunde zu.

Auch meiner Sehnsucht Flammen sanken,
der ahnungsbange Zauber brach,
nur meines Herzens tiefes Danken
geht stumm noch deinen Wegen nach.

Und nur noch zwischen unsern Seelen
wird leis, wie Sommerwinde wehn,
von dieses Tages Traum erzählen
ein zartes schweigendes Verstehn.

Lulu von Strauß und Torney

KOMM UND ENTDECKE MICH NEU

GIB MIR EIN WIEDERSEHN

Gib mir ein Wiedersehn auf dieser Welt.
Gib mir ein Wiedersehn im zwanzigsten Jahrhundert.
Das Atmen fällt mir schwer ohne deine Liebe,
gedenke mein, schau dich um, rufe mich!
Gib mir ein Wiedersehn in jener südlichen Stadt,
wo die Winde über die umliegenden Hügel jagten,
wo das Meer uns verzauberte mit seiner siebenfarbigen Welle,
wo das Herz eine Liebe ohne Antwort nicht kannte.
Gedenke unseres ersten heimlichen Treffens,
als wir zu zweit durch die Vorstadt schlenderten,
an engen Häuschen vorbei, durch schmale Gassen,
wo man uns antwortete mit einem Akzent, der nicht russisch war.
Die Gegend war ja wirklich arm und kläglich,
aber erinnere dich, daß selbst auf dem Müllhaufen
die Blechdosen und Fläschchen mit diamantnem Schimmern
von etwas Schönem zu träumen schienen.
Der Pfad schwang sich immer höher über dem Abgrund hinauf...
Denkst du an den Kuß dort in der Höhe?...
Ich weiß nicht das Datum, doch von jenem Tage an
wurdest du mein Licht und meine Luft.
Wenn sich die Jahre doch wieder zurückdrehen wollten
und wir in der Granat-Gasse einander begegneten...
Gib mir ein Wiedersehn bei uns auf der Erde,
in deines Herzens verborgener Wärme.

Gehn wir wie einst einander entgegen,
solange wir noch hören,
solange wir noch sehen,
solange wir noch atmen,
und unter Schluchzen
beschwöre ich dich: gib mir ein Wiedersehn!

KOMM UND ENTDECKE MICH NEU

Gib mir ein Wiedersehn, wenigstens für einen Augenblick,
auf dem belebten Platz, unter dem Sturm des Herbstes.
Das Atmen fällt mir schwer, ich flehe um Rettung...
Wenigstens für meine letzte, für meine letzte Stunde
gib mir ein Wiedersehn bei deinen lichten Augen.

Marija Petrovych

Wind, o du Wind!
    Wind und überall Wind!
Er löst mir mein Haar, nimmt mich in die Arme,
er küßt mein Gesicht, meine Brust.

Eine rote Mohnblume vom Feld,
ein gelbes Blatt vom Baum
hat er mir in das Haar gebracht, –
eine herbstliche Liebe in meinem Herzen entfacht.

Fliegen, ach fliegen!
Und niemals erreichen . . .
Ich schließe die Augen, ich lache, –
ich lasse mich tragen von dir, du mein Wind!

Salomėja Nėris

PAPAVER RHOEAS · KLATSCHMOHN

ROSA DAMSCENA · DAMASKENERROSE

A us alten Rosen
schüttelt der Herbstwind den Schlaf –
ein Traum weht vorbei.
Seit gestern abend
wart ich schon auf dich.

Julia Talaska

Die Grammatik der Gefühle
Zur Geschichte der europäischen Frauenlyrik

Seit Jahrtausenden schreiben Frauen Gedichte und singen Lieder. Trotzdem ist die Geschichte der Frauenlyrik ein Geheimnis, weil die Namen der Autorinnen (besonders vor dem 16. Jahrhundert) selten überliefert sind. Ein Großteil der Frauenlyrik ist namenlos. Darin ist sie der sogenannten Volksdichtung verwandt und zugleich ein Teil von ihr. Lag es an der Eitelkeit des Mannes, daß in vergangenen Zeiten nur seine Poesie seinen Namen tragen durfte wie das von ihm gezeugte Kind? Lag es an der Bescheidenheit der Frau, daß sie ihre verdichteten Gedanken und Gefühle großzügig ihren Kindern, Freunden, Verwandten schenkte, ohne Besitzrechte zu deklarieren? Lag es an den Sammlern und Literaturhistorikern späterer Epochen, daß so wenige Frauengedichte überliefert und nur so wenige Namen von Dichterinnen bekannt geworden sind?

Gebrauchslyrik

Diese Fragen lassen sich schon deshalb schwer beantworten, weil vor der Erfindung des Buchdrucks im Jahre 1446 Gedichte und Lieder hauptsächlich mündlich weitergegeben wurden und daher leichter vergessen werden konnten.

Die handschriftliche Herstellung von Büchern war zuvor derart teuer, daß nur Reiche, Klöster und Bibliotheken sich Bücher überhaupt leisten konnten. Damit war auch der Personenkreis, der mit Literatur in Berührung kam und umgehen konnte, von vornherein sehr begrenzt. Die Kunst des Lesens und Schreibens gehörte zur Bildung einer hauchdünnen Elite.

Da kaum jemand schreiben konnte, entstanden Gedichte in den meisten Epochen der Vergangenheit nicht am Schreibtisch, sondern in der Art der Blues-Poesie als spontane Kopf-Zunge-Komposition. Die Gedichte und Lieder wurden im Gedächtnis gespeichert und in den meisten Fällen erst viel später gesammelt und aufgezeichnet.

GRAMMATIK DER GEFÜHLE

Zumindest die Hälfte der heute bekannten Volkslieder (gesungene Gedichte) stammt von Frauen, besonders Wiegenlieder, Brautlieder, Hochzeitslieder, Klagelieder und natürlich Liebeslieder. Virginia Woolf vermutet sogar, daß die meisten Volkslieder von Frauen gemacht worden sind. Sie wurden zum Zeitvertreib beim Spinnen, bei der Weinlese, am Brunnen, beim Waschen, beim Weben usw. erfunden, gemeinsam gesungen und mit der Zeit weitergedichtet.

Hohe Liedkunst

Auch die Lieder der bedeutenden Dichterinnen des Mittelalters sind Lieder im ursprünglichen Sinn des Wortes. Leider sind die meisten ihrer Melodien verloren. Durch einen glücklichen Zufall sind alle Melodien der 77 Lieder Hildegards von Bingen erhalten, von Beatriz de Dia gibt es dagegen nur eine einzige.

Die Lieder Hildegards von Bingen oder Beatriz' de Dia sind aufgrund ihrer dichterisch-musikalischen Gestalt eng mit der Lyrik Sapphos verwandt, deren Melodien leider ebenfalls verschollen sind. Auch in der griechischen Antike gab es keine zum Lesen bestimmten Gedichte: Lyrik wurde immer gesungen. Die Bezeichnung Lyrik ist abgeleitet von Lyra (Leier), zu deren Begleitung Lieder vorgetragen wurden. Die altgriechische Lyrikerin war, wie ihre mittelalterliche Kollegin, immer Dichterin, Komponistin, Sängerin und Instrumentalistin in einer Person. Sie dichtete weder für die Schreibtischschublade, noch blieben ihre Gedichte im Tagebuch verschlossen. Die Kunst der Dichter-Sängerin war öffentlich. Sie konnte und durfte das, was sie fühlte, frei ausdrücken, ohne verachtet oder gesellschaftlich zum Schweigen gebracht zu werden. Sie hatte ein Publikum, das ihre Kunst schätzte und förderte: eine Klostergemeinschaft, ein Kreis höfisch Gebildeter oder ein antiker Kultverband im Dienst einer weiblichen Gottheit. Diese Frauen mußten ihre emotionale Energie nicht unterdrücken. Sie brauchten weder in die

Anonymität zu flüchten, noch wurden sie zum Verstummen gezwungen.

Dichterin und Sängerin

Die Kunst dieser Sängerinnen gehörte nicht in den Bereich der Subkultur. Die öffentliche Anerkennung gab ihnen Selbstvertrauen. Dieses Selbstvertrauen, eigene Lieder dem Publikum vorzutragen und offen über ihre tiefsten Gefühle zu sprechen, ist den schöpferischen Frauen seit dem ausgehenden Mittelalter in unserer abendländischen Kultur mehr und mehr genommen worden. Erst die Kultur der Rockmusik hat das geistige Klima für eine neue Blüte geschaffen. Aber auch hier dienten Frauen zunächst als dekorative Augenweide und summten im Hintergrund. Selbst Janis Joplin hat nur das gesungen, was andere für sie geschrieben hatten. Carol King und Joni Mitchell machten als erste Rock-Ladies Schluß damit und sangen selbstbewußt das, was sie wollten. Die Wiederbelebung dieser nahezu ausgerotteten Kunstform hat die Frauenkultur um eine nicht zu unterschätzende Dimension erweitert. Die Rocksängerinnen knüpften unbewußt an die untergegangene Tradition Sapphos, Hildegards von Bingen oder Beatriz' de Dia an. Frauen werden wieder mit eigenen Werken sichtbar und formgebend in einer Kultur, die seit Jahrhunderten vom Mann beherrscht wurde. Durch die Massenmedien Funk, Fernsehen und Schallplatte spricht eine Frau Millionen andere direkt an, teilt ihre Gedanken, Gefühle, Ideen mit. Die Frau hat, im wahrsten Sinn des Wortes, wieder eine Stimme bekommen. Die Lieder der Sängerinnen aller Zeiten sind nicht als Lesetexte für Gedichtbände gedacht. Darum wirkt manches Lied, das gesungen ergreift, gedruckt gefühlsarm oder gar nichtssagend. Emotionen, die über die Melodie wortlos ins Herz des Hörers dringen, Spannungen, die der Rhythmus beklemmend überträgt, Tonfolgen, die befreiend wirken, sind ja dem Leser des Liedtextes unbekannt. Er hat lediglich Wörter und Reime vor Augen. Was wäre »Yesterday« ohne die Melodie? Manches schöne Lied konnte ich darum leider nicht in diese Sammlung aufnehmen.

Ausschließlich zum Lesen bestimmte Gedichte entstanden, von Ausnahmen abgesehen, erst ab dem 16. Jahrhundert. Durch den Buchdruck wurde auch die graphische Form eines lyrischen Textes wesentlicher Bestandteil der Dichtung. Lieder wurden dadurch zu Lesetexten, zu stummer Augendichtung mit glattlaufenden Metren und einer ins Auge springenden Forderung nach dem reinen Reim.

Die Gänsemagd als Autorin

Als im 18. Jahrhundert Bischof Percy in England und Johann Gottfried Herder in Deutschland die vom Gros der Gebildeten bis dahin ignorierte Volkspoesie entdeckten und salonfähig machten und mit ihrer Begeisterung Goethe, Brentano und Arnim, die Brüder Grimm, den amerikanischen Balladenforscher Francis James Child sowie Hunderte nachfolgende Volksliedersammler inspirierten, waren die Namen der Volksliedautoren zum Teil längst vergessen, falls sie überhaupt jemals besonders bekannt gewesen waren. Gerade das mythische Dunkel, das die Herkunft der kleinen poetischen Kostbarkeiten umhüllte, verlieh ihnen in den Augen der Volksschatzsucher den Reiz unverfälschter Poesie »aus dem Mund des Volkes«. Daß möglicherweise die Gänsemagd, die dem feldforschenden Sammler ihre Lieder vorsang, selbst die Autorin hätte sein können, kam den Entdeckern der Volkspoesie kaum in den Sinn. In ihren Editionen wurden die »beim Volk« aufgelesenen Lieder mit dem schlichten Hinweis »mündlich« versehen und damit als urheberrechtlich vogelfreie Lyrik gekennzeichnet dem eigenen Werk einverleibt. Das war sicherlich kein vorsätzlicher Copyright-Raub, signalisiert aber die unterbewußte Geringschätzung der akademisch Gebildeten gegenüber den Dichtern und Dichterinnen der Volkspoesie.

Die erste gedruckte Frauenpoesie

Daß die schriftlich fixierte Dichtung der gebildeten Frauen noch im 17. Jahrhundert zum größten Teil aus Liedern bestand, beweisen die ersten gedruckten Texte weiblicher Autoren. 1606 erschien anonym das »Erste Buch Schöner Newer weltlichen Liedlein, deren Text am meisten von angesehnlichen Frawen und Frewlein selbst gemacht«. Es bringt ausschließlich Liebeslieder und ist damit eine Rarität in der Literatur- und Musikgeschichte.

Diese erste deutsche Sammlung erotischer Frauenlyrik in Form eines gedruckten Liederbuches war ein Schritt in die Öffentlichkeit. Aber Druck bedeutete zugleich stets Zensur und öffentliche Kontrolle. Das, was im intimen Kreis von Freundinnen ohne Blatt vor dem Mund gesagt oder gesungen werden konnte, mußte aus Rücksicht vor bösartiger Kritik oder Diffamierung verharmlost werden. Es ist die Zeit der Hexenprozesse, in der das Besprechen von Vieh, sexuelle Ausschweifung, Herstellen von Aphrodisiaca und Liebeszauber für Tausende von Frauen den Tod bedeutete. Ekstatische Gefühle und frei geäußerte Sinnlichkeit hatten den Ruch von Besenritt und Teufelsorgie. Falls von unverhüllter Erotik überhaupt eine Spur in den Liedern vorhanden war, wurde sie vom zensierenden Verleger des Werkes radikal ausgemerzt. Anders läßt sich die züchtige Biederkeit der meisten »erotischen« Lieder dieser Zeit kaum erklären. Je vorsichtiger die Frauen aber wurden, um so mehr witterten die Hexenjäger den Bocksgeruch des Teufels, um so schrecklicher wurde die Verfolgung. Wie schizophren der Großteil der Gesellschaft innerhalb weniger Generationen durch die Schreckensherrschaft einer kleinen Gruppe klerikaler Perverser geworden war, offenbaren die geheimen Tagebücher und Erinnerungen von Samuel Pepys, Giacomo Casanova oder jenem viktorianischen Gentleman, der unter dem Pseudonym Walter sein Sexualleben mit peinlicher Genauigkeit auf vielen tausend Seiten entblößte. Diese Potenzprotze profitierten von der klerikal verordneten Doppelmoral, die ganz und gar auf Kosten der Frau ging.

GRAMMATIK DER GEFÜHLE

Im Schutz der Anonymität

Ein Buch mit der erotischen Phantasie von Frauen in Gedichtform hätte die soziale Ordnung des 17./18./19. Jahrhunderts bedroht. Dichtende Frauen waren allein schon deshalb suspekt, weil sie sich nicht in den engen Rahmen des Klischees der züchtig-tüchtigen Hausfrau, Mutter und stets verfügbaren Beischläferin prokrustisch einbetten ließen. Für Dichterinnen war es daher ab dem 16. Jahrhundert kaum möglich, das neue Medium Presse zur Veröffentlichung ihrer Lyrik frei zu nutzen. Die meisten Gedichte blieben unveröffentlicht, einiges erschien unter Pseudonym – eine Form der Publikation, die vor Angriffen schützen sollte. Die wenigen couragierten Frauen, die ihre Lyrik unter ihrem Namen herausgaben wie Anna Ovena Hoyers (1584–1655), Christiana Marianna von Ziegler (1695–1760) oder Sidonia Hedwig Zäunemann (1714–1740) konnten dieses Wagnis nur eingehen, weil mächtige Gönner ihre Hand über sie hielten. Das schützte sie natürlich nicht vor Spott und Verachtung. Und diese Protektion war beileibe kein Freibrief für »unsittliche« weibliche Gefühle. Wenn Frauen unbedingt dichten mußten, dann sollten sie Gott preisen, ihre Eheherren anhimmeln oder mit Schlafliedern nörgelnde Kinder besänftigen, um deren genervte Erzeuger bei Laune zu halten. Auch zur Zierde von Familienfesten, Hochzeiten, Promotionsfeiern, Geburtstagen waren harmlose musische Einlagen willkommen.

Formschwach oder gefühlsstark?

In den bürgerlichen Mägdleinschulen wurden die Bürgerstöchter entsprechend auf das Leben abgerichtet und den jungen Mädchen christliche Tugend und Demut vor dem Familienoberhaupt eingeimpft. »Sündige« Gedanken wurden mit Fleiß bekämpft, leidenschaftliche Gefühle unter dem Mantel christlicher Nächstenliebe erstickt. Und noch der feingebildete Vater Lessing (1729–1781) konnte sich ohne »eine mäßige Züchtigung der Frau« die männliche Eheherrschaft nicht vorstellen. Ausgestattet mit gediegener Halbbildung und dem Glauben an die Allmacht ihrer Familienherren, wurden die Frauen ermuntert, den Bestand der geistlichen Lieder mit neuen Hymnen zu erweitern und Lieder für den Hausgebrauch zu komponieren. Die von männlichen Kritikern oft bemängelte »formale Schwäche« weiblicher Poesie könnte hier ihre Wurzeln haben. Sie waren eben nicht genügend unterrichtet worden in den formalen Künsten der Poetik. Daß auch Frauen Meister der Form sein können, wenn sie sorgfältig ausgebildet sind, zeigen die vollendeten Sonette der großen Renaissance-Dichterinnen Vittoria Colonna, Gaspara Stampa oder Louise Labé ebenso wie Sapphos schlafwandlerische Sicherheit in der Versbaukunst oder Ricarda Huchs formale Kraft.

Bildhafte Sprache, unverhüllte Sinnlichkeit

Die in diesem Buch versammelten Gedichte dokumentieren die intimsten Gefühle der Frau besonders deutlich. Jedes Gedicht ist ein Detektor ihres seelischen Zustandes. Das wesentliche gemeinsame Merkmal der hier editierten Frauengedichte vieler Epochen und Länder besteht in der Leidenschaft der Gefühle und in der starken Sinnlichkeit, die sich in Ketten funkelnder Bilder zu Versen fügen. Und gerade die modernen Texte zeigen, daß die Form oft zweitrangig ist. In der Dynamik der Bilderfolge und ihrer poetischen Logik erinnern Frauengedichte an die Machart von Filmen. Zweifellos hat der Film bildhaftes Denken populär gemacht. Und wahrscheinlich wird der Film ebenso wie die Lyrik in Zukunft viel stärker als bisher eine Domäne der Frau werden.

Andererseits ist Frauen vielleicht die einengende, nach starren Regeln festgelegte Form einfach zu unlebendig. Leidenschaft braucht Raum, um sich frei entfalten zu können. Um aber wirklich frei zu sein, braucht

GRAMMATIK DER GEFÜHLE

eine Frau ihr eigenes Zimmer, ihr eigenes Geld und, genauso wie der Mann, ihre eigene Tradition. Diese Forderung Virginia Woolfs haben sich die Frauen von Generation zu Generation nach und nach erkämpft. Heute sind die Medien Funk, Fernsehen, Frauenzeitschriften, aber auch Konzertveranstalter, Schallplatten- und Buchverleger auf die aktive Mitarbeit von Frauen angewiesen. Die Wertmaßstäbe sind anders geworden. Inzwischen prägen Frauen die Kultur unserer Gesellschaft entscheidend mit.

Vielleicht lag es an dieser spezifisch weiblichen Art »aus dem Bauch heraus« zu dichten, daß die vorwiegend männlichen Philologen, Schreiber, Sammler ihren maskulinen Kriterien zufolge die meisten Gedichte einfach nicht verstanden, darum instinktiv ablehnten und gar nicht in ihre Sammlungen aufnahmen. Das kann der Grund dafür sein, warum andererseits einige wenige Namen von Dichterinnen wie Sappho, Hildegard von Bingen, Mechthild von Magdeburg oder Louise Labé samt ihren Werken über Jahrhunderte hinweg überliefert woden sind. Ihre sensible Imagination ist mit solch »männlicher« Formungskraft zu Versen geschmiedet worden, daß sich kein männlicher Kritiker der Faszination dieser Dichtungen entziehen kann. Sie scheinen vertraut und haben zugleich den Reiz des Fremden.

Subtile Erotik

Erotische Gedichte von Frauen sind authentische Stimmungsprotokolle über die Begegnung zwischen Liebenden, geträumt oder erlebt. Sie geben, im Gegensatz zu einer Erzählung oder einem Roman, Innerstes der Autorin preis. Damit sind sie dem Gebet verwandt. Sie erzählen von den geheimsten Gefühlen und sprechen nur von einem: von der einzigartigen Liebe. Diese Liebe ist heilig. Jedes Gedicht erzählt davon; selbst die frechsten, und besonders die Elegien, die Verwünschun-

GRAMMATIK DER GEFÜHLE

---

gen, die Haßtiraden. Sie offenbaren eine Verletzlichkeit der Seele, wie sie in der Dichtung des Mannes kaum zu finden ist.
Um diese Sammlung zusammenzutragen, habe ich Hunderte von Frauengedichten gelesen. Es hat mich überrascht, mit welchem Ernst und mit welcher Ehrlichkeit Frauen über sich und ihre Liebe sprechen. Der bunten Revue kommödiantischer Kulissenzauberei, mit der Männer das Thema Liebe in Szene setzen, aufbauschen, karikieren, zur Sensation machen usw., stehen die erotischen Tragödien der Frauen mit ihren berückend einfachen Bildern gegenüber. Bei ihnen gibt es weder Hanswurstiaden noch in den Himmel lobende Verklärung des Geliebten. Das dichterische »Ich« der Frau ist meistens identisch mit ihr selbst. Sie ist innerlich zu sehr beteiligt, um distanziert über ihre tiefsten Gefühle zu sprechen. Es ist Dichtung anderer Qualität, einer bislang unbekannten Qualität, für die es bis heute keine definierten Wertkriterien gibt. Männer neigen dagegen dazu, sich hinter Masken zu verstecken, um sich nicht ganz und gar preisgeben zu müssen. Ihre Liebesdichtung kennt viele Variationen, Pornographie steht neben Tieftraurigkeit, Reuebekenntnis neben pikanter Situationsbeschreibung, aufrichtige Liebeserklärung neben Blödelei. Hier drängt sich mir die Frage auf, wie Gesellschaften anderer Epochen dem Phänomen Frauendichtung gegenüberstanden.

Frauenlyrik in der griechischen Antike

Am griechischen Götterhimmel kultivierten neun schöne Mädchen Dichtkunst und Musik. Die neun Musen verwandelten alles was sie wußten in harmonischen Klang und Sinn. Ein Volk, das sich eine derart sinnlich-abstrakte Verkörperung des Klanges der Welt zum Vorbild schaffen konnte, muß zweifellos die dichterisch-musikalischen Fähigkeiten der Frau anerkannt haben. In ganz Griechenland gab es Museen, den Musen geweihte heilige Haine, Quellen, Tempel usw., wo die

---

Grammatik der Gefühle

schönen Künste verehrt und gepflegt wurden. Musik, Dichtung und Tanz waren für die Griechen jedoch, anders als bei uns, eine unauflösliche Einheit. Ihr sensibler Kunstsinn hatte erkannt, daß selbst die dichterisch vollkommensten Verse erst im atmenden Auf und Ab einer Melodie ihre verborgenen Feinheiten entfalten. Der Atem des singenden Menschen läßt alle Empfindungen im Lied lebendig werden. Der Körper nimmt die Schwingungen der Emotionen, die im Lied verdichtet sind, über Melodie und Rhythmus auf und reagiert: er öffnet sich und überläßt sich den Stimmungen, seine innere Bewegung überträgt sich auf Nerven und Muskeln: er beginnt zu tanzen. Diese Einheit von Musik, Dichtung und Tanz nannten die Griechen musiké. Und jede Gattung der musiké wurde von einer eigenen Muse verkörpert:

KLIO singt die Vergangenheit, das Leben und den Ruhm der Städte und der Menschen, die nicht mehr sind. Sie ist die Geschichte.

EUTERPE, die Doppelflöte an den Lippen, bezaubert mit ihren Melodien die Hirten, die Herden und die wilden Tiere. Sie treibt sich mit Satyrn herum und verläßt zuweilen Apollo, um Bacchus und den Mänaden zu folgen.

POLYHYMNIA kennt die ältesten Hymnen, die man an den Altären zu Ehren der Götter singt und die im Gedächtnis der Priester aufbewahrt werden. Sie kennt auch die Lobgesänge, die man die Jugend zum Ruhm der dahingegangenen Helden lehrt.

MELPOMENE hat ein feierliches Antlitz. Sie kündet Leid und Tod, das den Schuldigen und Unschuldigen gemeinsam zugeteilte Geschick. Aber aus all dem Unglück, das den Menschen trifft, ersteht durch sie auf dem Theater ein herrlicher Gesang, dem man mit Entzücken lauscht. Sie ist die Schönheit der Dichtung, die befreit. Sie ist die Lust am Tragischen.

TERSPICHORE hat den Tanzteufel im Leib.

ERATO kennt die Freuden, die Spiele und die Qualen der Liebenden.

KALLIOPE paßt ihren Schritt dem Rhythmus der menschlichen Rede an. Sie schreitet nach den Versen des Homer, schlägt den Takt zu den

Sätzen des Demosthenes. Auf ihren Lippen blüht der Wohlklang. URANIA hat Augen wie Himmel und Stern. Sie singt die Bahnen der Gestirne. Sie ist die Harmonie der Sphären.

THALIA, die letzte, ist die hübscheste und schelmischste, sie ist so komisch, daß man vor Vergnügen lacht. Der Wein der Gastmähler steigt ihr zu Kopf. Sie singt Spottliedchen auf die gewichtigen Persönlichkeiten und nimmt sich auf der komischen Bühne gegen die bestehende Ordnung, die Schicklichkeit und gegen den Staat mancherlei Freiheiten heraus.[1]

Das war der mythologische Hintergrund. Wie sah die Wirklichkeit aus? Ein Epigramm Platons nennt Sappho »die zehnte Muse«. Diese in den Himmel lobende Wertschätzung einer Lyrikerin im misogynen Athen, »wo Frauen in fast orientalischer Unterdrückung als Statuen oder Packesel gehalten wurden«[2], läßt aufhorchen.

Mädchen als Musen

Die Musen und andere Gottheiten wurden nicht nur passiv verehrt. In den altgriechischen Kultzentren führten die unverheirateten Mädchen über Jahrhunderte hinweg Tanzspiele zur Verherrlichung der Göttlichen auf, wobei sie sich, wie die Darsteller der christlichen Mysterienspiele des Mittelalters, mit den Rollen der Musen, die sie spielten, so identifizierten, daß sie für die Dauer des Spiels die Musen selber wurden. Einige Kultverbände sind historisch belegt. Reiche Informationen besitzen wir über Sappho und ihren Kreis junger Mädchen, die zeigen, wie diese Gemeinschaften lebten.

»Der Eros Sapphos ... was wäre er anders als eben dies: die Art zu lieben, in der Sokrates Meister war? Beide, so meine ich, haben die Freundschaft zu ihresgleichen, Sappho die Freundschaft mit Frauen, Sokrates die Freundschaft mit Männern, bevorzugt, und beide haben gesagt, daß sie viele lieb haben und von allen Schönen gefangengenommen werden.

Denn was für ihn Alkibiades, Charmides und Phaidros bedeuteten, das waren für die Lesbierin Gyrinna, Atthis (und) Anaktoria, und was für Sokrates seine Rivalen Prodikos, Gorgias, Trasymachos und Protagora, das waren für Sappho Gorgo und Andromeda...«[3]

Die Braut als Aphrodite

In einigen Epochen und Landschaften des antiken Griechenlands gab es offenbar für junge Frauen aus vornehmen Familien einige Jahre einen Freiraum, in denen sie sich geistig und seelisch frei entfalten durften. Diese von außen ungestörte Welt der Frau war vom Geist der homoerotischen Liebe beseelt. Es war ein Lehrer-Schüler-Verhältnis, wo auf der Basis engster persönlicher Beziehungen alle Fertigkeiten des Lebens spielerisch vermittelt wurden. Mit der Verheiratung des Mädchens war die Zeit der Ausbildung beendet. In der Gestalt der Göttin Aphrodite verließ die Braut die vertraute Umgebung.

»Das Fest der Aphrodite zur Leier zu besingen und das Brautgemach zu richten, war der Lesbierin Sappho übertragen worden. Nach den Wettgesängen betritt sie das Brautgemach, sie knüpft den Vorhang, deckt das Brautbett, (versammelt?) bestimmte Mädchen im Brautgemach, bringt auch Aphrodite herbei auf einem Wagen der Chariten, begleitet von einer Schar spielender Eroten, und ihr hat sie das Haar mit Hyazinthen aufgesteckt bis auf das, das an der Stirn gescheitelt wird, und läßt das übrige frei im Winde wehen...«[4]

Sappho selbst hatte die Aufgabe, ihre junge Freundin dem Bräutigam ins Bett zu bringen. Schmerz und Verzweiflung über die Trennung, quälende Eifersucht klingt in manchen ihrer Lieder durch. Aber auch nagende Eifersucht auf Rivalinnen: »Atthis, du liebst mich nicht: deine Gedanken sind bei Andromeda!«

Musik und Ethik

Da Musik, Dichtung und Tanz in der altgriechischen Erziehung eine überragende Rolle zukam, ist der Einfluß von Sängerinnen wie Sappho auf die griechische Kultur nicht zu unterschätzen. Eine sorgfältige seelische, körperliche und geistige Bildung der jungen Mädchen war ein Garant für die Kontinuität der Kalogagathie, dem Erziehungsideal der Griechen. Da moderne wissenschaftliche Erkenntnisse keinen Zweifel lassen, daß die geistig-seelischen Grundlagen des Menschen zum Großteil bereits in den ersten beiden Lebensjahren entwickelt werden, hängt die Qualität jeder Gesellschaft stark von der Konstitution ihrer jungen Mütter ab. Sind diese mit sich im Einklang, hat das unmittelbar positiven Einfluß auf die Entwicklung der Kinder. Daß Musik, Dichtung und Tanz aber mehr als alle anderen Unterrichtsmittel in der Lage sind, den Menschen von inneren Verkrampfungen zu lösen und ihn ins seelische Gleichgewicht bringen, ist eine moderne Erkenntnis, die die Griechen bereits vor 2500 Jahren nicht nur gewußt, sondern in ihrem täglichen Leben praktisch umgesetzt haben.

Im Gegensatz zur christlichen Moral galt bei den Griechen der Sexualtrieb als göttliche Kraft. War Liebe heilig, so konnten auch die Liebeslieder von Frauen nicht verwerflich sein.

Einige berühmte Sängerinnen waren Hetären (d. h. Freundinnen), gebildete, anmutige Frauen, die es vorzogen, statt im Joch der Ehe frei von ihren musischen Künsten zu leben. Dafür wurden sie nicht verachtet. Im Gegenteil. In jeder gehobenen Gesellschaft war ihre Mitwirkung im Gesellschaftsleben unverzichtbar. Auch die Hetären standen unter dem Schutz Aphrodites, der Göttin der Liebe, der Schönheit und der Anmut.

Griechische Kultur in Rom

In Rom begann im 1. Jahrhundert v. Chr. unter dem Einfluß der hellenistischen Kultur aus dem eroberten Griechenland eine Individualisierung des Lebens. Die Frauen der höheren Gesellschaft traten aus dem Dunkel der häuslichen Anonymität in die Öffentlichkeit. Es begann eine Sublimierung der Erotik. Catull, der exzellente Dichter der römischen »Moderne«, fing das neue Lebensgefühl der Metropole in seinen eleganten, geradezu schockierend persönlichen Gedichten ein, die er, da es keine lateinischen Vorbilder gab, nach dem Muster gefeierter griechischer Lyriker entwarf. So übersetzte er Sapphos Eifersuchts-Ode »Wie ein Gott kommt er mir vor, der Mann, der neben dir sitzt...«, machte sie mit ein paar Kunstgriffen zu einem eigenen Poem und hängte einen eigenartigen Schluß an: »Müßiggang bekommt dir nicht, Catull. Müßiggang verführt zu Übermut. Müßiggang hat glücksverwöhnten Königen und frohen Städten den Untergang gebracht.«

Auf diese Weise war Sapphos Kunst 500 Jahre nach ihrer Entstehung im neuen Sprachgewand in Rom wieder in aller Munde. Eine Begeisterung für die schönen Künste ergriff die römische Gesellschaft. Scharen von Musikerinnen, Sängerinnen, Tänzerinnen sorgten in Tempeln, bei Festen, Trinkgelagen usw. für sinnliche Genüsse. Kitharaspiel und Sangeskunst waren bald auch bei den Frauen der Oberschicht Zeichen kultivierter Weltoffenheit. Galt es kurz zuvor selbst für den Mann als anstößig, von Lehrschriften und Geschichtswerken abgesehen, sich literarisch zu betätigen, so begannen jetzt die Frauen, von der neuen geistigen Freiheit begünstigt, eigene Gedichte zu machen. Das meiste davon ist verschwunden. Durch einen glücklichen Zufall aber haben sich im Werk Tibulls die zartesten Elegien in lateinischer Sprache erhalten. Sie stammen von der Dichterin Sulpicica, einer römischen Aristokratin, aus der zweiten Hälfte des 1. Jahrhunderts v. Chr.

Der »Sünden«-Fall

Das Aufkommen des Christentums brachte die relativ jungen Freiheiten der römischen Frauen wieder in Gefahr. Zunächst trug die Liberalisierung des gesellschaftlichen Lebens jedoch wesentlich zur Verbreitung des neuen Kultes bei, und besonders den Frauen hatte die Kirche ihre ersten Erfolge zu verdanken. Doch kaum hatte die neue Bewegung festen Fuß gefaßt, errangen reaktionäre Gruppen die Oberhand. Mit fanatischem Eifer fielen ihre Theologen über die Natur des Weiblichen her, da es, ihrer Lehre zufolge, der Hort des »Bösen« schlechthin war. Die Beweise fanden sich in ihrem heiligen Buch: Von Anbeginn an hatte der Teufel Eva zur Sünde verführt und sie als Lockvogel benutzt, um den keuschen Adam zu Fall zu bringen. »Die Sünde des Mannes kommt von der Frau, und die Sünde der Frau kommt von ihr selbst«, sprach der weise Salomon. Und so wiederholen bis auf den heutigen Tag die Juden in ihrem Frühgebet: »Sei gesegnet, oh Herr, unser Gott, Herrscher des Universums, daß ich nicht als Frau geboren bin.«
Die Chefideologen der neuen religiösen Gemeinschaft, die Kirchenväter, übernahmen die in der Bibel verankerte Verachtung der Frau und entwarfen einen detaillierten Kodex der weiblichen Verworfenheit. Für den französischen Religionsforscher Jean Markale sind die Kirchenväter »mit Ausnahme des hl. Hieronymus von Sidon – klassische Personifikationen dessen, was wir heute ›sexuelle Besessenheit‹ nennen würden.«[5]

Die Musen als »böse Dämonen«

Dem elitären Männerbund des frühchristlichen Klerus gelang es mit staunenswerter Energie, eine dauerhafte Organisation aufzubauen, worin es für Frauen nur Platz als Gebärerinnen und gehorsame, schweigsame Dienerinnen gab. Liebe, Sinnlichkeit, Lust waren als Teufelswerk verbannt. Die ehedem lichten Musen wurden zu »bösen Dä-

monen«. Mit der zunehmenden inneren und äußeren Festigung des neuen Glaubens wurde die Frau mehr und mehr gedemütigt. Im Jahre 318 wurde in den »Didaskalien der Väter« die Beteiligung weltlicher Frauen am Kirchengesang verboten. Der hl. Isidorus von Pelusinum hatte gar den Einfall, alle Frauen, die das Verbot nicht streng befolgten, aus Kirche und Stadt zu jagen. Die Kirche hatte die Frau mundtot gemacht. Wie sehr der Fanatismus gegen die Bildung der Frau angestachelt wurde, demonstriert ein Verbrechen der inzwischen zur Staatskirche etablierten Sekte, deren Mitglieder gar nicht lange zuvor den furchtbarsten Verfolgungen ausgesetzt waren: 415 wurde die neuplatonische Philosophin Hypatia, berühmt wegen ihrer Gelehrsamkeit wie Schönheit, von einer Bande Meuchelmörder im Auftrag des Kirchenvaters und Patriarchen von Alexandria, Cyrillus, zu Tode gesteinigt.
In den folgenden Jahrhunderten hören wir kaum etwas von Frauen und meist nur Negatives über sie.

»Lieder für den Freund« aus germanischen Nonnenklöstern

Im Jahr 789 erließ Karl der Große ein für diesen Zusammenhang überraschendes Kapitulare, daß »keine Äbtissin sich anmaßen sollte, ihren Konvent ohne unsere Erlaubnis zu verlassen, noch dasselbe den ihr Unterstehenden zu erlauben ... und unter keinen Umständen zuzulassen, daß sie *winileodas* schrieben oder sie aus dem Kloster schickten«. Winileodas, das bedeutet: Lieder für den Freund! Den germanischen Klosterfrauen war es offenbar geglückt, ein Stück der alten heidnischen Freiheit unter die Kutte zu schmuggeln.
Bei den Germanen war die Frau in der vorchristlichen Zeit dem Mann vollkommen gleichberechtigt. Bevorzugt begab mit dem »sechsten Sinn«, der die unsichtbaren Kraftquellen des Lebens aufzuspüren wußte,

galt sie als besonders befähigt zum Dienst am Heiligen, zu Weissagung, Schicksalsverkündung und Heilkunst. Deshalb stammen wahrscheinlich die beiden Merseburger Zaubersprüche aus dem 8. Jahrhundert – die ältesten erhaltenen Zeugnisse germanischer Dichtkunst – von Frauen.

Schon der germanische Schöpfungsmythos zeigt deutlich die Gleichberechtigung der Frau, indem Mann und Frau neben-, nicht nacheinander aus Bäumen erschaffen werden. Wenn also Nonnen aus dem Kloster Liebeslieder an ihre Freunde schickten, so läßt sich das mit dem ungebrochenen Selbstbewußtsein der germanischen Frauen erklären.

Eva oder Freyja?

Die neuen Brüder und Schwestern im nebelschweren Norden machten den römischen Missionaren, die ihnen das Heil und das göttliche Licht aus Palästina bringen wollten, den christlichen Liebesdienst nicht leicht. Die uralte heidnische Mythologie mit ihren gewaltigen Göttern, ihren in den Rhythmus der Natur eingebundenen Riten und erdverbundenen Sitten ließen sich nicht so schnell aus dem Bewußtsein eines Volkes verdrängen, das die Herrenschicht im Reich der Karolinger bildete. Darum bezogen die Klerikal-Politiker vieles davon geschickt in den Kult ihrer jungen Kirche im Norden ein. Auf diese Weise konnte der tiefverwurzelte heidnische Wildwuchs besser unter Kontrolle gehalten und mit christlichem Geist veredelt werden. Von Bemühungen dieser Art erzählen z. B. einige Zaubersprüche, denen man die Namen Gottes oder Jesu Christi aufgepfropft hatte. Auch die alte Erotik mit ihren »unzüchtigen« Sitten und Fruchtbarkeitsbräuchen lebte hartnäckig weiter, wie die immer wiederkehrenden klerikalen Ermahnungen und Verbote beredt bezeugen. »Als die germanischen Götter zu Teufeln, germanische Frömmigkeit zu Teufelsdienst, germanische Totenstätten zur Hölle wurden, konnte auch die germanische Frau nicht heilig bleiben. So mußten schon von hier aus die Frauen in den Ruf kommen, besonders hartnäckig an verbotenem Heidentum festzuhalten, besonders geeignet zur Übung allen Aberglaubens, besonders empfänglich für alle Ketzerlehren zu sein.«[6] Dem Klerus gelang es mit der Zeit, das Negativ-Bild der biblischen Mutter Eva als Verderberin des Menschengeschlechts ihren Gläubigen im Norden ins Bewußtsein zu bringen. So sorgten im Reich der Karolinger und ihrer Nachfolger zwei grundverschiedene Bewertungen der weiblichen Natur für Verwirrung und Unfrieden. Doch die germanischen Frauen hatten noch ein zu starkes Selbstwertgefühl, um die Demütigung widerspruchslos hinzunehmen.

Frau Minne

Nachdem sich die neuen christlich-germanischen Königreiche innerlich und äußerlich stabilisiert hatten, tauchte in der zweiten Hälfte des 11. Jahrhunderts im Südwesten Frankreichs ein erotisches Phänomen auf, das die sinnenfeindlichen Kirchenväter der Frühzeit der Kirche mit Abscheu und Entsetzen erfüllt hätte: die Courtoisie, der ritterliche Minnekult. Es handelte sich dabei um eine Initiative einiger Damen der Hocharistokratie zur Verschönerung des Lebens.

Die im Anonymen wirkenden Damen entwarfen ihr Konzept zur Kultivierung der Adelsschicht auf der Grundlage der tiefverwurzelten Tradition der alten heidnischen Feste und Bräuche. Die Troubadours, Dichter und Sänger in ihrem Dienst, faßten das Programm der Damen reflektierend in erlesene Worte und verbreiteten es mittels einprägsamer Melodien: der neue Geist hatte seine Sprache gefunden. Das garantierte seine rasche Verbreitung. An einem Lied läßt sich die Entwicklung des Minnekults aus dem heidnischen Brauchtum besonders gut erkennen: A l'entrada del tens clar, dem Lied der April-Königin. Bei allen germanischen Stämmen wurde die Wiederkehr des Frühlings mit Umzügen, Feuern, Spielen, Liedern gefeiert. Als Maigraf, Maikönig oder Pfingstkönig personifiziert, zog er an der Seite seiner Gemahlin, der Maibraut, April-Königin, in Spanien Maja, in Dorf und Stadt ein, um Menschen, Tiere, Pflanzen zur Fruchtbarkeit anzuregen. Im Lied der April-Königin aber läßt die April-Königin, nicht der König, die Freude wieder beginnen. Dem Mittelalterspezialisten Peter Dronke zufolge übernimmt sie »die Rolle einer universalen Herrscherin, ein Wesen wie Persephone der Antike oder die Blumenjungfer der Kelten, die die Personifikation des Frühlings und die Quelle der Wiedergeburt freudvoller Liebe ist.«[7] Der Ehemann wird beiseite gedrängt: »Wenn der Frühling wiederkommt, heia, alle Freude neu beginnt, heia, und der Ehemann ergrimmt, heia, wird die Königin uns zeigen, wie verliebt sie ist. Eifersüchtige weg mit euch, weg mit euch! Laßt uns tanzen, laßt uns tanzen, unter uns!« Der »Aufstand« der Frauen hatte begonnen.

Liebe als Gesellschaftsspiel

Damit die Botschaft aber auch überall ankam und wirkte, mußten gleichzeitig aus den unsensiblen Burgherren und rauhen Kriegern, eine Horde von Draufgängern, die nur Erfolg und Faustrecht anerkannten, die Rücksichtnahme für Feigheit hielten und die den tapfersten Gegner ohne jede Ritterlichkeit rabiat niederschlugen, einigermaßen gebildete Menschen gemacht werden. Dazu bedurfte es eines Ideals. Die Frau, im Laufe der innerlichen Christianisierung mehr und mehr zum Lustobjekt und Kinderfrau erniedrigt, mußte zu einem höheren Wesen stilisiert werden, deren Achtung und Gunst nur der wahrhaft Würdige gewinnen konnte. Je rücksichtsvoller der neue Ritter sich benahm, je kultivierter und liebevoller er sich erzeigte, je ritterlicher er kämpfte, je besser er redend, singend, tanzend seinen Gefühlen Ausdruck verlieh, je ergebener er also seiner Dame diente, desto eher winkte ihm der Liebe Lohn: die sexuelle Hingabe der Dame. Das neue Gesellschaftsspiel hatte schon deshalb seinen Reiz, weil die Umworbene den Regeln der Courtoisie entsprechend, stets die Frau eines Standesgenossen sein mußte, wobei der Liebhaber niemals den Namen seiner Dame preisgeben durfte. Das war die Antwort germanischer Fürstinnen auf die frauenverachtende Arroganz des römischen Klerus.

Ein Kreuzzug zur Befreiung der Frau

Paradoxerweise fand die erotische Revolution der Frau im Oberhaupt der Kirche einen unfreiwilligen Helfer zur Durchsetzung ihrer Ziele. Auf dem Konzil zu Clermont in der Auvergne hielt Papst Urban II. jene Rede, die das gesamte Leben des Abendlandes auf Jahrhunderte hin verändern sollte. Am 27. November 1095 rief der Papst zum ersten Kreuzzug auf. Seine Rede hatte gezündet. Die Kreuzzugbegeisterung breitete sich aus wie ein Lauffeuer. Fürsten, Ritter, Knechte, Söldner, Abenteurer nähten sich das Kreuz auf ihre Mäntel und Joppen. Die Frohbotschaft des Papstes entflammte die ganze Christenheit. Urban selbst muß von der Wirkung seines Aufrufs überrascht gewesen sein, denn bereits am 19. September 1096 gab er, voll Sorge, daß ganze Landstriche entmannt werden könnten, in einem Schreiben die Anweisung »Kürzlich verheiratete Männer können das Kreuz nicht nehmen ohne die Zustimmung ihrer Frau.«
Prediger stachelten die Begeisterung an. Eine Mischung aus Ergriffenheit für den Glauben, Abenteuerlust und blanke Beutegier ließ die Männer zu den Fahnen eilen. Es bot sich eine bislang unbekannte Möglichkeit, dem grauen Alltag den Rücken zu kehren. Mit dem Segen der Kirche fuhr man auf »Aventiure« und überließ die Sorge für Haus und Hof seiner Frau. Ab sofort lag alle Verantwortung in ihrer Hand und gleichzeitig wurde das Land von der Plage der unterbeschäftigten Krawallritter befreit, die durch ihre ewigen Kleinkriege Dörfer und Landstriche verwüsteten und den aufblühenden Handel empfindlich störten. Jetzt durften und sollten sie mit heiliger Wut auf die Heiden einschlagen. Das

war gottgefälliges Werk und wurde, im Fall des tödlichen Hintritts des Heidentöters, mit einem sicheren Platz im Himmel belohnt. Das hatte der Papst jedem Kreuzfahrer versprochen.

»Gegrüßet seist du Maria«

Frauen war zwar die Teilnahme an einem Konzil strikt verboten, doch sollten sie auf der Kirchenversammlung zu Clermont ihren zweiten, vielleicht noch bedeutsameren Sieg im Kampf um die Emanzipation gewinnen. Da die Frau in der heiligen Ordnung des Mittelalters eindeutig als Mensch zweiter Klasse definiert war (dem Kirchenvater Tertullian zufolge war die Frau »ein Tempel über der Kloake«), galt es, ihren Wert im Bewußtsein des gesamten Gottesvolkes zu verändern. Diesen bedeutsamen Schritt in Richtung Gleichberechtigung vollzog ebenfalls Papst Urban, indem er festlegte, daß jeder Samstag der Mutter Gottes geweiht und mit einem eigenen Offizium zu feiern sei. War der Sonntag der Tag des Herrn, so wurde nun der Samstag zum Tag der Frau.
Handelte Urban auf Veranlassung der Fürstinnen? Hatte sich bereits der Zeitgeist zugunsten der Frau so verändert, daß er gar nicht anders konnte? Die neue Marienverehrung löste jedenfalls nicht nur bei den Frauen Euphorie aus. Uralte keltische Vorstellungen des Erdmutterkultes mischten sich mit germanischem Fruchtbarkeitszauber, christlichen Riten und den neuen galanten Formen des ritterlichen Minnedienstes. Mönchs- und Nonnenorden weihten sich der Himmelskönigin, Kirchen und Kapellen wurden ihr gestiftet. Die Faszination des Weiblichen hielt Einzug in den patriarchalischen Kult der Kirche, so daß Strahlen vom warmen Glanz der Himmelskönigin auf jede Frau fielen.
Das Mittelalter hatte die Frau und den Charme der Erotik entdeckt. Minnedienst und Marienkult verschmolzen im Bewußtsein der hochmittelalterlichen Gesellschaft zu Mysterienfeiern der Liebe. Die geschickt gesponnene Intrige der Edelfrauen zur Rückeroberung ihrer

alten Rechte hatte durchschlagenden Erfolg. Der Dame, aufgrund der Kreuzzüge auch de facto Herrin der Burg, des Dorfes, der Stadt, der Grafschaft, hatten alle zu dienen. Ihr Wunsch war Befehl. In diesem Milieu wuchsen ab 1100 die noch nicht kriegsfähigen Edelpagen heran. In der frischen, erotikgeladenen Atmosphäre wurden zuvor unterdrückte Gefühle kultiviert und in der neuen nuancenreichen Sprache der Troubadours offen zum Ausdruck gebracht. Jetzt begannen auch die Frauen selbst, ihre sexuellen Wünsche und Sehnsüchte unverblümt in Worte zu fassen. Comtessa Beatriz de Dia dichtete mit einer seit Sappho unbekannten Leidenschaft Lieder an ihren Freund. Einen sich entziehenden Mann umwirbt Beatriz mit unverhüllter Begierde: »... Nicht Rang, noch Geist, noch Schönheit achtet er. Er läßt mich stehen, verraten und betrogen, als ob ich alt und scheußlich wär. Doch freut es mich, Euch liebend zu besiegen, wo Ihr, mein Freund, doch sonst so tapfer seid: Ihr zeigt mir grimmen Stolz in Worten und in Zügen – doch allen anderen Frauen Freundlichkeit.« Die Namen rund 20 adliger südfranzösischer Dichterinnen, Trobairitz genannt, und einige ihrer Lieder sind durch die Jahrhunderte erhalten geblieben. Wahrscheinlich ist es nur ein kleiner Rest von dem, was an Frauenliedern im 12., 13. und 14. Jahrhundert gesungen wurde.

Das Mysterium der Erotik

Während die Fürstinnen Frankreichs ihr Programm zur Verschönerung des Lebens und der Liebe mit Erfolg durchsetzten, verharrte Deutschland noch weitgehend im Zustand der vom Klerus verordneten Gefühlskälte. Doch auch hier gab es Neuland des Denkens und Fühlens. Der Geist der Minne regte sich in den Frauenklöstern. Im Schutz ihrer Mauern entwickelten Nonnen Konzepte für ein eigenständiges weibliches Leben, in der Erotik nicht nur ihren Platz hatte, sondern das Fundament der Klosterkultur bildete. Zwischen den weltlichen und geistlichen Damen bestanden ausgezeichnete Verbindungen, so daß das revolutionäre Gedankengut von der Klausur in die Kemenate wanderte und umgekehrt. Ihr Verlangen nach Liebe sublimierten die Bräute Gottes in herrlich-wilden Visionen, worin sie sich nach dem schönen Jüngling Jesu verzehrten, ihn in Traumekstase in ihre Arme schlossen und himmlische Hochzeit mit ihm feierten. Maria – Jungfrau, Geliebte und Mutter, die in einem keuschen Coitus mit Gottvater den Erlöser empfangen hatte, war das Ideal ihrer spirituellen Ekstasen und Dichtungen. Deshalb sind manche Hymnen der Mysterikerinnen wie Hildegard von Bingen im Grunde flammende Liebeslieder an eine neue Aphrodite, an eine Fruchtbarkeitsgöttin, deren Schoß für das neue, bessere und schönere Leben geöffnet ist: »Und dein Schoß frohlockte gleich dem Gras, auf das der Tau sich senkt, wenn ihm die Kraft zum Grünen eingegossen.«

Sechzehn der siebenundsiebzig Hymnen Hildegards von Bingen sind allein Maria geweiht, ihrem »Meerstern«, ihrem »Lebensgrund«, ihrer »lichten Mutter der Heilkunst«, ihrem »Urschoß«, »der neuen Frau«, die der Welt Licht und Leben bringt. Hier wirkt der Geist der alten germanischen Seherinnen nach. ».. . Ach, welcher Schmerz, o welche Trauer, da durch die List der Schlange der Sünde Not die Frau befiel. Denn sie, die Gott zur Mutter aller werden ließ, sie schlug ihr Herz mit Wunden eitlen Tuns, gebar das tiefste Leid den Kindern. Doch stieg aus deinem Schoß, o Morgenrot, die neue Sonne auf, die alle Sünden Evas hat getilgt. Der Segen strömt durch dich nun reicher als das Unheil, das Eva einst den Menschen hat gebracht. O Retterin, du hast das neue Licht geboren...«[8]

Maria, das Sinnbild der neuen Frau, war zur Quelle des neuen weiblichen Selbstbewußtseins geworden. Und wie Beatriz de Dia unverhüllt um einen Mann wirbt, so ruft Mechthild von Magdeburg ihrem Sterngemahl Jesus verlangend zu: »Schöner Jüngling, mich lüstet dein«. Das ist Liebe der 4. Dimension. Gott selbst wird zur Vereinigung gerufen.

Das ist die Zauberei der alten Fruchtbarkeitskulte in christlicher Verbrämung.

Neue weibliche Lebensformen

Die starke emotionale Energie, die von den Frauenklöstern ausging, zog viele adlige Frauen an. Heirateten sie, bedeutete das meist ein Leben sich alljährlich wiederholender Schwangerschaften. Auch wenn der ritterliche Minnekult ihnen große Freiheiten gewährte, waren sie vollauf mit ihren Mutterpflichten beschäftigt. Im Kloster hatten sie die Chance, ihr Leben schöpferischer gestalten zu können. Drei französische adlige Damen diskutierten über beide Lebensformen um 1200 in einem Lied: »Donna Carenza mit dem herrlichen Wuchs, schenkt Euren Rat den beiden Schwestern, denn Ihr seid klug und werdet das Beste raten. Prüft nach Eurem großen Wissen, soll ich unter unseren Bekannten mir einen Gatten wählen, oder unverheiratet bleiben – was wird mir besser gefallen? Söhne zu gebären erscheint mir nicht angenehm und dazu den Ehemann zu ertragen, macht mir große Angst. – Dona Carenza, ein Ehemann würde mir schon gefallen, doch Kinder zu gebären scheint mir eine harte Strafe, denn man bekommt Hängebrüste und der Bauch wird schwer und schmerzt. – Dona Alais und Dona Yselda, ich sehe wohl, Ihr besitzt Erziehung, Tugend, Schönheit, Jugend, gesundes Aussehen, Sitte und Mut, und das in solchem Maße wie keine andere, die ich kenne. So rate ich Euch, damit Eure Saat aufgeht, nehmt einen Gatten, den Weisheit krönt, in ihm wird Euch die Frucht des glorreichen Sohnes. Wer ihm sich vermählt bleibt auf ewig Jungfrau...«[9]
Um weder das Opfer allzugroßer Fruchtbarkeit an der Seite eines Mannes zu werden, noch im lebenslänglichen Gefängnis sexueller Frustration dahinwelken zu müssen, erkämpften sich Frauen gegen Ende des 12. Jahrhunderts eine Lebensform, die dazwischen lag. Sie schlossen sich in Frauenkommunen zusammen mit dem Ziel, ein gemeinsames

meditatives Leben zu führen. Ohne Klostergelübde abzulegen oder der Regel eines Ordens zu folgen, lebten diese »Beginen« genannten Frauen unter der Führung einer frei gewählten Führerin, wobei sie sich die Freiheit nahmen, jederzeit wieder ins Privatleben zurückzukehren oder heiraten zu dürfen. Sie wohnten zusammen in ihren Kommunen, den Beginenhöfen, und lebten von Handarbeiten, Unterricht und Schenkungen. Die neue Frauenbewegung war eine Initiative der bürgerlichen Mittelschicht in den aufblühenden Städten Deutschlands, Frankreichs und der Niederlande. Die ungezwungenere Lebensform hatte solche Anziehungskraft auf Frauen, daß es um 1350 allein in Köln 169 Beginenkonvente gab. Von den Kirchenbehörden als Brutstätten der Ketzerei und Sittenlosigkeit beargwöhnt, Kontrollen unterworfen und Erniedrigungen ausgesetzt, konnten die Beginen trotzdem über einige Jahrhunderte lang ein autonomes weibliches Leben führen. Einige erhaltene Liederbücher und mystische Schriften der Beginen beweisen ihre schöpferischen Leistungen in der Dichtkunst. Ihre größten Dichterinnen sind Hadewijch von Brabant und Mechthild von Magdeburg. Am längsten hielten sich die Beginen in Deutschland, wo ihre Bewegung in den nachfolgenden Wirren der von ihnen besonders begrüßten Reformation unterging.

Die Renaissance der Frau

Während sich die bürgerlichen Frauen in den Beginenkommunen in Deutschland, Frankreich und den Niederlanden neuen Freiraum erkämpften, waren die vornehmen Italienerinnen der nördlichen Stadtstaaten ihren Männern nahezu gleichberechtigt. Ihre Emanzipation basierte auf dem Bildungsideal der italienischen Renaissance. »Da man in dieser neuantiken Kultur den höchsten Besitz des Lebens erblickte, so gönnte man sie gern auch den Mädchen«, meinte Jacob Burckhardt in seiner grundlegenden Kulturgeschichte der italienischen

Grammatik der Gefühle

Renaissance. Im Gegensatz zur jenseitsorientierten Theosophie des Mittelalters war der von der antiken Philosophie inspirierte Geist der Renaissance auf ein Leben vor dem Tode gerichtet. Das Leben wurde lebenswert und deshalb bis ins Detail gestaltet. Die Ästhetik der Kalogagathie, das Bildungsideal der griechischen Antike, jahrhundertelang verteufelt und schließlich vergessen, wurde zum Fundament des öffentlichen wie privaten Lebens. Folglich wurde der Staat ebenso zum Kunstwerk wie der Krieg, das Fest, der Brief, das Gespräch, das Liebesspiel, die Politik usw.

Jungen und Mädchen wurden gemeinsam nach demselben Programm erzogen. Das Beherrschen fremder und alter Sprachen gehörte genauso zur modernen Bildung wie Kenntnisse in Natur- und Geisteswissenschaften, Eloquenz, Instrumentalspiel, Gesang, Tanz, Sport, Grundkenntnisse im Komponieren und Dichten. Alles mußte Stil haben. Die erworbenen Fähigkeiten dienten zur Kultivierung des Individiums, zur Vollendung der eigenen Persönlichkeit. Jetzt verkörperte der vollkommene Gesellschaftsmensch das Ideal der geistigen Elite, das im Kosmos des Mittelalters vom weltabgewandten Asketen geprägt worden war.

Die im 13. Jahrhundert von den Troubadours nach Norditalien importierte Kultur der Courtoisie vereinigte sich glücklich mit dem neuen Lebensgefühl. Aus der Domna (Domina) des französischen Minnedienstes wurde im 14. – 16. Jahrhundert in Italien die Gesellschaftskönigin, die mit Feinsinn und erlesenem Geschmack das gehobene gesellige Leben gestaltete, ohne, wie im geheimnisvollen Ehebruchspiel der Ritter und Minnedamen, vom Hauch der Unnahbarkeit umhüllt zu sein. Es herrschte Liberalität in allen Lebensbereichen. Da Männer und Frauen gleichberechtigt waren, hatten die verschlüsselten Verschmachtungskünste der Minnesänger keine gesellschaftsgestalterische Funktion mehr. Man dichtete und sang sich direkt an: Dante seine Beatrice, Petrarca seine Laura, Michelangelo den schönen Cavalieri und Vittoria Colonna, Gaspara Stampa diverse Liebhaber, Vittoria Colonna immer wieder aufs neue ihren toten Gemahl. Die vielen bekannten und bedeutenden

Dichterinnen und Musikerinnen der Renaissance sind ein schlagender Beweis für Virginia Woolfs These, daß eine Frau ebensogut in der Lage ist, schöpferische Meisterleistungen zu vollbringen, sofern sie auf der Grundlage guter Bildung, finanzieller Unabhängigkeit und seelischer Freiheit Selbstvertrauen entwickeln kann.

Verketzerung der Sinnlichkeit

Der freie Geist der italienischen Renaissance, der als Humanismus überall in Europa zu wirken begann, wurde in den Umwälzungen der Reformation und den anschließenden politischen und kriegerischen Wirren mit kirchlicher und staatlicher Gewalt bekämpft und in die Gelehrtenstuben zurückgedrängt. Der »altböse Geist« der Kirchenväter mit seinem Haß auf Sinnlichkeit, Körperlichkeit und den Zauber der Frau, 1487 im HEXENHAMMER wieder heraufbeschworen, wurde in den Händen klerikaler Sadisten zu einem Instrument des Schreckens. Tausende Frauen wurden anhand von Anweisungen dieses Buches verfolgt, gemartert und als Hexen verbrannt. Der Terror der Gottesmänner machte die mutigsten Verteidiger Unschuldiger stumm. Die Humanisten erkannten mit Entsetzen, daß die Frau wieder zur »Pforte des Teufels« erniedrigt wurde, zu der sie der Kirchenvater Tertullian vor über tausend Jahren gemacht hatte. Eine Epedemie der Angst, des Schreckens und des Mißtrauens breitete sich über Europa aus. Bis auf die Mitglieder des Hochadels konnte jede Frau von heute auf morgen als Hexe denunziert und in die Folterkammern der Inquisition verschleppt werden. Folterknechte und Richter arbeiteten zeitweise derart gewissenhaft, daß in manchen Gegenden die weibliche Bevölkerung nahezu ausgerottet war.

Radikale Entmündigung

Der fast 300 Jahre dauernde Hexenwahn hat zweifellos tiefe Spuren in der weiblichen Psyche hinterlassen. Welcher Ausweg blieb den Frauen, als in die innere Emigration zu gehen und sich der Gewalt zu beugen? Wen konnten sie in ihrer Not anrufen, wen um Beistand bitten? Niemand durfte den Verdammten helfen. Keine Hand erhob sich zu ihrer Rettung. Wer sollte ihnen Trost geben in dem schrecklichen Jammertal, in das die Hexenjäger die Welt der Frau verwandelt hatten? Während ihr Mund die Himmelskönigin Maria um Erbarmen anrief und sie im Herzen Schutz bei den alten Göttern und Geistern suchte, quälten und verbrannten sie die Inquisitoren im Namen des einzig wahren Gottes. Der physischen Vernichtung folgte die geistige und psychische Vergewaltigung. Dieses Trauma wirkte ohne Frage bis ins 19. und 20. Jahrhundert nach. Das Selbstbewußtsein der Frau war so erschüttert, daß nur einzelne starke Persönlichkeiten wie Königin Christina von Schweden, George Sand, Kaiserin Elisabeth II. von Rußland oder Madame de Staël genügend Kraft hatten, ihr Leben nach eigenen Vorstellungen zu gestalten. Das namenlose Mädchen war der Willkür ihres Vaters, Bruders, Onkels ausgeliefert, die Ehefrau der Tyrannei ihres Gatten. Bis 1880 war es z. B. einer verheirateten Frau in England verboten, eigenen Besitz zu haben, bis 1919 durfte sie nicht wählen. Die Neuzeit hatte die Frau nicht nur mundtot gemacht, sondern auch entmündigt.

Die Entwicklung einer neuen Identität

Das Ringen um eine neue geistige Identität wurde den Frauen in der zweiten Hälfte des 19. Jahrhunderts durch die industrielle Revolution erleichtert. Die neue Arbeitswelt brauchte weibliche Arbeitskräfte. Mit dem Erwerb eigenen Geldes wuchs ihre Unabhängigkeit, stieg ihr Selbstvertrauen. In allen Industrienationen formierten sich Frauen, um mehr Rechte und geistigen Freiraum zu erkämpfen. Der Frauenbewegung zu Beginn des 20. Jahrhunderts gelang es, ein neues Selbstbewußtsein aufzubauen. Das läßt sich deutlich an ihrer erotischen Dichtung ablesen. Nach einigen Jahrhunderten der Bevormundung wagten es Frauen wieder, ihr Innerstes offen zu zeigen, ihre Sehnsüchte, Ängste, Schmerzen und Freuden zur Sprache zu bringen. Wieder einmal traten sie aus dem Dunkel der Anonymität in die Öffentlichkeit und bereicherten Sprache und Kultur der bürgerlich-patriarchalischen Gesellschaft mit ihren »fremdartigen« Empfindungen und »schockierenden« Visionen und sorgten für Verunsicherung.

Durch die beiden Weltkriege und die daraus resultierenden radikalen gesellschaftlichen Veränderungen bekam die Frau innerhalb kurzer Zeit jedoch eine führende Stellung in der Familie und einen beachtlichen Teil Verantwortung in der Gesellschaft. Die heile, vom Mann regierte Welt der bürgerlichen Kulissen war vom Mann zerstört worden. Da es kaum mehr Männer gab, mußte die Frau die Arbeit des Mannes leisten. Es zeigte sich, daß die Frau ebenso fähig war, die Leitung eines Betriebes zu meistern wie die Aufbauarbeiten einer zerstörten Stadt oder die Organisation des sozialen Lebens. Hier liegen die Wurzeln für die Gleichberechtigung der Frau in unserer Zeit. Dem Vertrauen in die eigenen Fähigkeiten folgte die Wertschätzung der männlichen Nachkriegsgesellschaft. Scheinbar! Denn die fünfziger Jahre waren das Jahrzehnt »des aufwendigen Kampfes *gegen* die Frauen, einer Propagandakampagne um die weibliche Rolle. Die Frauen, die über Krise, Hunger und Krieg die Familien zusammengehalten hatten, waren nach Ende der Naziherrschaft moralisch und emotional die Stärkeren. Sie hatten weniger Schuld auf sich geladen, sie hatten Organisationstalent entwickelt, und jetzt drängten sie in den Beruf. Es galt, sie wieder in die Rolle der Hausfrau und repräsentativen Gattin zurückzudrängen... Empfängnisverhütung war tabu, Abtreibung verboten, Pro Familia galt als kriminelle Vereinigung. Im Bombardement aus Maggi-Suppen und Fleckentfernern, Dampfkochtöpfen, Benimmregeln und Männermangel verloren

die Frauen, obwohl sie stets im Mittelpunkt zu stehen schienen, eine Schlacht.« So Matthias Horx in seiner Analyse »Die 50er: Adenauers schönste Party«.[10]
In den sechziger Jahren heulte die Rockmusik unbarmherzig in die verlogene Wirtschaftswunder-Idylle. Flower-Power ließ die Phantasie in grellbunten Farben sprießen. Durch die Pille wurde die Sexualität risikolos und enttabuisiert. Die jungen Frauen wurden selbstbewußter. Die junge Generation, der das sattdumpfe Leben ihrer Eltern zum Hals heraushing, erprobte neue Lebensformen ohne Trauschein in ihren Kommunen. 1968 eroberten die Frauen zurück, was sie in den fünfziger Jahren unmerklich verloren hatten. Sie entwickelten eine eigene Sprache, die im Laufe des folgenden Jahrzehnts immer aggressiver wurde. Sie gründeten eigene Zeitschriften, eigene Buchläden, um ihre Anliegen besser durchsetzen und in die Breite wirken zu können.
Während heute einerseits die Systeme erstarren und ein Mangel an intuitivem Denken, Mut zu Phantasie und geistiger Beweglichkeit herrschen, die rücksichtslose Zerstörung der Natur unaufhörlich voranschreitet, entstehen andererseits neue Lebensformen und experimentierfreudige gesellschaftliche und politische Gruppierungen. Nichts deutet aber klarer auf einen Wandel hin als die Veränderung in der Beziehung der Geschlechter zueinander; und nirgends wird der Bewußtseinswandel in unserer Gesellschaft eindringlicher und empfindsamer dokumentiert als in modernen Frauengedichten, den feinfühligen Anzeigern für seelische Veränderungen:

> Die Liebe meines Mannes
> will mich nicht festlegen, nicht einordnen,
> sie gibt mir Luft, Nahrung, Raum,
> zu wachsen und reicher zu werden,
> so wie jeder neue Tag
> eine Revolution entfaltet.[11]
>
> *Gioconda Belli*

GRAMMATIK DER GEFÜHLE

1 Aus: André Bonnard, Die Götter Griechenlands, Zürich 1946
2 Aus: George Otto Trevelyan, History of England, London o. J.
3 Maximos von Tyros, aus: Sappho, hrsg. v. Max Treu, München 1958
4 Himerios, aus: Sappho, hrsg. v. Max Treu, München ²1958
5 Aus: Jean Markale, Die keltische Frau, München 1984
6 Bernhard Kummer, aus: Handwörterbuch des deutschen Aberglaubens / hrsg. von Hanns Bächtold-Stäubli unter Mitw. von Eduard Hoffmannkrayer. Mit e. Vorw. von Christoph Daxelmüller, Berlin 1927/1986
7 Aus: Peter Dronke, Die Lyrik des Mittelalters, München 1973
8 Übers. v. Adelgundis Führkötter, aus: Hildegard von Bingen, Lieder, hrsg. von Pudentiana Barth OSB / M. Immaculata Ritscher OSB und Joseph Schmidt-Görg, Salzburg 1969
9 Anonyme Übersetzung des Liedes »Na Carenza al bel cors avinen« auf dem Cover der Schallplatte Cansós de Trobairitz, Hesperion XX Reihe Reflexe, EMI 1C 065-30941 o. J.
10 Zeitmagazin Nr. 16 v. 10. April 1987
11 Aus dem Gedicht »Spielregeln für Männer, die mich lieben wollen«, aus: Gioconda Belli, Wenn du mich lieben willst, ausgewählt und übersetzt von Dieter Masuhr, Wuppertal 1986.

Erläuterungen zu den einzelnen Gedichten

Um Wiederholungen zu vermeiden, haben wir biographische Notizen und andere Kurz-informationen über Dichterinnen, von denen mehrere Gedichte gebracht werden, oft in der Erläuterung zu einem ihrer Gedichte zusammengefaßt. Den entsprechenden Seiten-hinweis finden Sie im Autorinnen-Register kursiv gesetzt.

ZU DEN EINZELNEN GEDICHTEN

Seit ich im Schlaf – S. 8

Ono no Komachi war berühmt für ihre Schönheit, ihre dichterische Begabung und ihre Enttäuschungen in der Liebe. Sie lebte in der Zeit Kaiser Montokus (um die Mitte des 9. Jahrhunderts). Aus dem Japanischen von Klabund.

Liebster, laß es dem Traum nicht – S. 9

Myong'ok lebte um 1600 in Korea. Sie war eine berühmte Kisaeng (d. h. eine gebildete Hetäre), deren Gedichte sehr geschätzt wurden. Aus dem Koreanischen von Peter I I. Lee.

Die Herbstnacht ist lang – S. 10

Nach G. Renondeaus französischer Version ins Deutsche übertragen von Michael Korth.

Kam mein Lieb zu mir – S. 11

Aus dem Japanischen von Gerolf Coudenhove.

Als ich an ihn dachte – S. 12

Dieses japanische Tanka entstand um die Mitte des 9. Jahrhunderts. Nach G. Renondeaus französischer Version ins Deutsche übertragen von Michael Korth.

Ein Zauberer bin ich – S. 13

Ein bisher unveröffentlichtes Gedicht.

Gleich wenn ich endlich abends so weit bin – S. 14

Louise Labé (1526–1566) trug ihre Sonette singend vor, wobei sie sich auf der Laute begleitete. Leider sind ihre Kompositionen nicht überliefert. Aus dem Französischen von Rainer Maria Rilke.

Ich schlüpfe in mein seidenes Gewand – S. 15

Das Lied stammt aus dem 4. oder 5. Jahrhundert. Aus dem Chinesischen von Felix Fischer.

ZU DEN EINZELNEN GEDICHTEN

Mein Herz ist wie ein singender Vogel – S. 18
Christina Rossetti (1830–1894), lebte in London und war die bedeutendste Dichterin des Anglikanismus. Dieses Gedicht stammt aus Virginia Woolfs Essay »Ein Zimmer für sich allein«. Ob es vollständig ist oder nur eine Strophe aus einem längeren Gedicht, wird dort nicht gesagt. Aus dem Englischen von Wulf Teichmann.

Ich glaub, nichts ist so gut – S. 19
Die Strophe ist in der »Kleinen Heidelberger Liederhandschrift« überliefert, die im letzten Viertel des 13. Jahrhunderts entstand. Aus dem Mittelhochdeutschen von Michael Korth.

Freund, zeichne diesen Tag – S. 20
Anna Louisa Karsch (1722–1791) wuchs in Schlesien auf. Nach dem Tod ihres Vaters kam die Sechsjährige zu einem Großonkel, der ihr Lesen und Schreiben beibrachte. Mit zehn Jahren mußte sie zu ihrer inzwischen wiederverheirateten Mutter zurück, um ihre Stiefgeschwister und das Vieh der Familie zu hüten. Lesen durfte sie jetzt nur noch heimlich; ein befreundeter Hirtenjunge brachte ihr Bücher. Mit sechzehn wurde sie verheiratet. Sie wurde von ihrem Mann so gequält, daß sie sich nach elf Ehejahren scheiden ließ, obwohl sie diese Scheidung als Schande empfand. Schwanger, völlig mittellos und ohne Bleibe konnte sie nur Zuflucht in einer neuen Ehe finden. Sie heiratete den Schneider Karsch, von dem sie vier weitere Kinder bekam.
Um die karge Haushaltskasse etwas zu füllen, begann sie durch Gelegenheitsgedichte etwas dazuzuverdienen. Durch ihre patriotischen Lieder auf die Siege König Friedrichs II. im Schlesischen Krieg, gelang es ihr, sich einen Namen zu machen. 1761 wurde sie von einem adeligen Gönner als poetische Naturbegabung nach Berlin gebracht, wo sie in Literatenkreisen (Gleim, Wieland, Herder, Lessing) gefeiert wurde. Gleim, in den sie sich verliebte ohne wiedergeliebt zu werden, gab 1764 ihre Gedichte heraus. Die Sammlung hatte so großen Erfolg, daß sie auf diese Weise zur ersten Frau in Deutschland wurde, die vom Schreiben leben konnte. Das Gedicht ist an Gleim gerichtet.

Brennende Liebe – S. 21
Annette von Droste-Hülshoff (1797–1848) war die Tochter einer westfälischen Adelsfamilie, erhielt eine gediegene konservativ-katholische Erziehung, kom-

Zu den einzelnen Gedichten

ponierte und dichtete, veröffentlichte ihre erste Gedichtsammlung 1838, die jedoch kaum beachtet wurde. Sie unternahm viele Reisen und zog 1841 zu ihrer Schwester auf die Meersburg am Bodensee. Die ersten Monate verbrachte sie dort mit ihrem Freund Levin Schücking, dem Sohn ihrer Jugendfreundin Katharina Schücking, der sie zu weiteren literarischen Arbeiten anregte und sie zur Veröffentlichung einer zweiten Gedichtsammlung ermutigte. Diese wurde von Kritik und Publikum günstig aufgenommen. Dreißig Jahre nach Annettes Tod gab Levin die erste Gesamtausgabe ihres Werkes heraus.

Meine allerschönste Liebesgeschichte – S. 23
Barbara (Monique Serf) wurde 1930 in Paris geboren. Sie sang zunächst 15 Jahre erfolglos, eröffnete eine Kneipe in Belgien, ebenfalls erfolglos, und begann Anfang der sechziger Jahre eigene Chansons zu singen, die sie schlagartig zum Star machten. »Ob komisch oder tragisch, bleibt Barbaras Stil immer gleich: es ist die hohe Kunst der Kurtisane.« Aus dem Französischen von Michael Korth.

Heb den Schleier – S. 26
Seineb lebte um 1500 und wurde von ihren Zeitgenossen wegen ihrer dichterischen Begabung Seineb die Dichterin genannt. Hammer-Purgstall gibt folgende Information über sie: »Nach Latisi aus Kastemuni gebürtig, nach Aaschik-Tschelebi, die Tochter eines Richters aus Amasia; sie lebte ein freies Leben, ohne sich je in die Bande der Ehe fügen zu wollen, unterhielt aber bis zu ihrem Ende ein Liebesverhältnis mit dem Dichter Misr; ihren Diwan eignete sie dem Sultan Mohammed zu.« Aus dem Türkischen von Hammer-Purgstall.

Ich lehre dich das Pflaumenspiel – S. 27
Dieses freche Lied stammt aus dem Schi-King, dem Buch der Lieder, einer Anthologie chinesischer Volkslieder und auch höfischer Lieder, die im 1. Jahrtausend v. Chr. zusammengestellt wurde. Konfuzius soll seinen Schülern das Studium dieser Sammlung zur Pflicht gemacht haben. Daher erhielt das Buch später den Titel Schi-King, d. h. Lyrik-Klassiker. Aus dem Chinesischen von Fritz Mühlenweg.

Ich bin müd ganz allein – S. 28
Das sowohl mit gaelischem als auch englischem Text weitverbreitete Lied gilt, nach mündlicher Überlieferung, als das Liebeslied einer Fee. In den keltischen

Zu den einzelnen Gedichten

Landschaften hat sich der Glaube an Naturgeister bis in unsere Gegenwart erhalten: ».. . sie singen und tanzen beim Mondschein, ihre Spuren und Feenringe findet man morgens im Tau. Harfe und Fiddle sind ihre Hauptinstrumente, aber noch lieber singen sie.« (T. Cr. Croker). Das Lied wurde erstmals 1909 von M. Kennedy-Fraser und K. Macleod aufgezeichnet. Singbare Übersetzung aus dem Schottisch-Gaelischen von H. C. Artmann.

Wenn ich wüßte, wo mein Liebster mäht – S. 29
Aus dem Slowakischen von Reinhold Kudielka.

Mein Geliebter, den ich liebe – S. 30
Das Gedicht entstand um 1500 v. Chr. Nach Bertus Aafjes' holländischer Version ins Deutsche übertragen von Johannes Piron.

Mein Liebster ist krank vor Liebe zu mir – S. 33
Diese acht jarchas, Frauen- und Mädchenlieder aus dem maurischen Spanien, sind zwischen 1000 und 1150 entstanden. Es sind die frühesten erhaltenen erotischen Frauenlieder, die wir aus dem Mittelalter besitzen. Zweifellos gab es sie immer. Die ständigen Proteste der Kirche gegen das Singen von erotischen und lasziven Liedern und ganz besonders gegen die Mädchenlieder, belegen das für die Zeit vom 6. bis zum 9. Jahrhundert sehr deutlich. Nach Peter Dronkes englischer Version ins Deutsche übertragen von Peter Hasler.

Mein Mann, dieser zärtliche Mann – S. 35
Nach Jacques Chevriers französischer Version ins Deutsche übertragen von Michael Korth.

Dat du min Leevsten büst – S. 36
Das Lied erschien erstmals gedruckt in K. Müllenhoff's »Sagen, Märchen und Lieder der Herzogtümer Schleswig-Holstein«, Kiel 1845. Es ist bis heute eines der beliebtesten plattdeutschen Lieder.

Steige nicht mehr von der Weide – S. 37
Das Lied ist aus dem Schi-King, dem klassischen Buch der Lieder, das im 1. Jahrtausend v. Chr. zusammengestellt wurde. Aus dem Chinesischen von Klabund.

Zu den einzelnen Gedichten

Dunkelblau ward der Himmel – S. 38
Aus welcher Zeit und welcher Sprache der Text stammt, konnte nicht ermittelt werden. Deutsche Fassung von Eckart von Sydow.

Ach kämest du – S. 39
Dieses Lied entstand um 1500 v. Chr. Aus dieser Zeit sind keine Namen von Autorinnen erhalten. Nach Meinung verschiedener Ägyptologen wurde dieses Lied aber zweifelsfrei von einer Frau gedichtet. Aus dem Altägyptischen von Siegfried Schott.

Von dem Hügel, wo der Maulbeerbaum gedeiht – S. 42
Das Lied ist aus dem Schi-King, der klassischen chinesischen Liedersammlung, die im 1. Jahrtausend v. Chr. zusammengestellt wurde. Aus dem Chinesischen von Fritz Mühlenweg.

O dieser Abend – S. 43
Das Lied stammt aus der Zeit der Dschou-Dynastie 4.–3. Jahrhundert v. Chr. Aus dem Chinesischen von Richard Wilhelm.

Winter – S. 44
Hilde Domin, geboren 1912 in Köln, studierte zunächst in Köln und promovierte in der italienischen Emigration mit einer staatsrechtlichen Arbeit. Sie floh mit ihrem Mann vor dem Faschismus nach England und ging später nach St. Domingo. 1954 kehrte sie nach Deutschland zurück. »Ich, H. D., bin erstaunlich jung. Ich kam erst 1951 auf die Welt. Weinend, wie jeder in diese Welt kommt. Es war nicht Deutschland, obwohl deutsch meine Muttersprache ist. Es wurde spanisch gesprochen, und der Garten vor dem Haus stand voller Kokospalmen.«

Kindheitsgarten – S. 45
Ina Seidel wurde 1885 in Halle geboren. Sie lebte von 1897–1907 in München und nach ihrer Verheiratung in Berlin, dann, ab 1934, in Starnberg. Sie starb 1974 in Ebenhausen bei München.

Zu den einzelnen Gedichten

Mein Licht und mein Leben – S. 46
Sulpicia lebte in der 2. Hälfte des 1. Jahrhunderts v. Chr. Sie gehörte zur römischen Aristokratie. Ihr Onkel war der berühmte Feldherr und Redner Messala, ein Freund und Gönner des Dichters Tibull, in dessen viertem Buch der Elegien sechs kleine Liebesbriefe von Sulpicia an ihren Freund Cerinthus überliefert sind. Aus dem Lateinischen von Michael Korth.

Scham – S. 47
Gabriela Mistral (1889–1957) erhielt als erste chilenische Dichterin 1945 den Nobelpreis für Literatur. Sie war zunächst Lehrerin, später chilenischer Konsul in Madrid, Lissabon, Brasilien und den USA. Aus dem südamerikanischen Spanisch von A. Theile.

Ob ich dich liebe weiß ich nicht – S. 49
Bettina von Arnim (1785–1859) war die Schwester des Dichters Clemens Brentano und die Frau dessen Freundes Achim von Arnim, den sie 1811 heiratete. Sie führte mit Goethes Mutter und Goethe einen originellen Briefwechsel, den sie später herausgab (»Goethes Briefwechsel mit einem Kinde«, Berlin 1935), veröffentlichte den Briefwechsel zwischen ihr und Karoline von Günderode, veröffentlichte »Gespräche mit Dämonen« und schrieb über die sozialpolitischen Strömungen der vierziger Jahre. Sie war mit vielen bedeutenden Gestalten ihrer Zeit bekannt. Das Gedicht ist an den Theologen und Platonübersetzer Friedrich Schleiermacher gerichtet »am letzten Ostertag nach der Predigt über die Auferstehung«.

Den Tag nur lieben – S. 50
Das Sonett erschien 1637. Über das Leben der Dichterin konnte nichts in Erfahrung gebracht werden. Aus dem Spanischen von Clemens Brentano.

Ich lebe und ich sterbe – S. 51
Aus dem Französischen von Ulrich Friedrich Müller.

Betrunkener Nachmittag – S. 52
Irebe Kabanyi, Tochter eines ungarischen Grafen und einer niederösterreichischen Landärztin, wurde 1953 in Innsbruck geboren. Sie lebt als Schriftstellerin und Psychotherapeutin in Wien.

ZU DEN EINZELNEN GEDICHTEN

Soll ich zu dir gehn – S. 53
Aus dem Japanischen von Gerolf Coudenhove.

Spielregeln – S. 54
Ulla Hahn, geboren am 30. 4. 1946 in Brachthausen (Sauerland). Kindheit und Jugend in Monheim (Rheinland). Nach mittlerer Reife und Bürolehre Abitur auf dem zweiten Bildungsweg. Studium der Literaturwissenschaft, Geschichte und Soziologie an den Universitäten Köln und Hamburg. Erste Veröffentlichungen einzelner Gedichte um 1970. Danach mehrere Gedichtbände. Ulla Hahn erhielt u. a. den Leonce-und-Lena-Preis der Stadt Darmstadt, den Friedrich-Hölderlin-Preis der Stadt Bad Homburg und die Roswitha-Gedenkmedaille der Stadt Bad Gandersheim. Sie lebt in Bremen.

Atlantis – S. 55
Dory Previn ist eine zeitgenössische amerikanische Dichterin und Sängerin. Geburtsort und -datum konnten nicht ermittelt werden. Aus dem Amerikanischen von Michael Korth.

Wenn ich ein Vöglein wär – S. 58
Von Johann Gottfried Herder 1778 in der später unter dem Namen »Stimmen der Völker in Liedern« berühmten Volksliedsammlung veröffentlicht und mit der Anmerkung »die Melodie ist dem Inhalt angemessen, leicht und sehnend« versehen, wurde das Lied zu einem der bekanntesten deutschen Volkslieder und ist bis heute, wie schon Goethe anmerkte, »einzig schön und wahr«.

Was bedeutet die Bewegung? – S. 59
Marianne von Willemer wurde 1784 in Linz geboren. Sie trat bereits als Vierzehnjährige in Frankfurt als Ballett-Tänzerin professionell auf und wurde bald darauf von dem reichen Frankfurter Bankier Johann Jakob von Willemer als Pflegetochter in sein Haus geholt. 1814 wurde sie seine Frau. Goethe, ein naher Bekannter Willemers, war so von ihr bezaubert, daß er sie unter dem Namen Suleika in seinem »Westöstlichen Diwan« feierte. Einige Lieder im Buch Suleika sollen von Marianne von Willemer stammen. Sie starb 1860.

Horch – der Glockenton – S. 60
Kasa no Iratsune lebte um 900 und war die Geliebte des Fürsten Yakamochi. Aus dem Japanischen von Gerolf Coudenhove.

Zu den einzelnen Gedichten

Mein Herz springt alsbald in mir auf – S. 61
Das Lied entstand um 1500 v. Chr. Nach Bertus Aafjes' holländischer Version ins Deutsche übersetzt von Johannes Piron.

Ich kann nicht mehr schlafen – S. 62
Aus dem Serbischen von Milo Dor und Reinhard Federmann.

Fühltest du nur die leiseste Regung der Liebe – S. 63
Die Wandinschrift entstand vor 79, dem Jahr, in welchem Pompeji durch den Ausbruch des Vesuvs zerstört wurde. Unter den antiken Graffiti, die dort die Wände zieren, gibt es einige, die offensichtlich von Frauen stammen, z. B. der ergreifende Appell einer unglücklich Verliebten an ihre Rivalin: »Venerusa, ich flehe dich an, liebe ihn gut.« Aus dem Lateinischen von Peter Hasler.

O mein Liebster – S. 64
Das Lied entstand um 1500 v. Chr. Namen ägyptischer Dichterinnen aus dieser Zeit sind nicht überliefert, doch weisen Bilder darauf hin, daß Frauen sangen und auch Gedichte schrieben. Nach Bertus Aafjes' holländischer Version ins Deutsche übertragen von Johannes Piron.

Die Schöne an die Liebesbotin – S. 65
Woher und aus welcher Zeit das Lied stammt, in welcher Sprache der Originaltext ist, konnte nicht ermittelt werden. Die Übertragung ins Deutsche ist von Rolf Wilken nach Richard Thurnwalds Übersetzung.

Käm mein Liebster mir entgegen – S. 66
Das Lied ist ein Runo-Laulu, ein Runengesang aus dem »Kanteletar«, der Sammlung lyrischer Lieder der Finnen. Der Name ist abgeleitet von dem alten finnischen Nationalinstrument, der Kantele, zu dem die Lieder gesungen wurden. Nach älteren Übersetzungen neu gefaßt von Michael Korth.

He, Jüngling, Jüngling – S. 67
Aus dem Türkischen von Ursula Reinhard.

Ich kletterte auf die Spitze eines Zweiges – S. 68
Aus dem Türkischen von Ursula Reinhard.

ERLÄUTERUNGEN

ZU DEN EINZELNEN GEDICHTEN

John Anderson, mein Liebstes – S. 69
Das Lied wurde in der harmlosen Fassung von Robert Burns (1759–1796) im
gesamten anglo-amerikanischen Sprachraum populär und wird heute noch ge-
sungen. Die hier wiedergegebene Urfassung dürfte um 1750 entstanden sein,
da bereits in den sechziger Jahren mehrere Drucke erschienen. Dieses Lied
zeigt deutlich, daß die alte keltische Frauenfreiheit trotz puritanisch-religiöser
Unterdrückung bis ins 18. Jahrhundert fortlebte. Guten Einblick, wie frei die
Geschlechter in der keltischen Frühzeit miteinander umgingen, bietet das ural-
te keltische Epos »Der Rinderraub«. Ein Beispiel: »Nes, die Tochter von
Eochaid Gelbferse, saß einmal vor Emain, umgeben von den Frauen ihres Ge-
folges. Der Druide Cathbad von Tratraige von Mag Inis ging vorüber, und das
Mädchen sagte zu ihm: ›Wozu bringt diese Stunde Glück?‹
›Um einen König mit einer Königin zu zeugen‹, sagte er. Die Königin fragte
ihn, ob das wirklich wahr sei, und der Druide schwor bei Gott: Ein König, in
dieser Stunde empfangen, würde in Irland für immer einen Namen haben. Das
Mädchen sah keinen anderen Mann in der Nähe und nahm ihn mit sich hinein.
Sie wurde schwanger. Drei Jahre und drei Monate war das Kind in ihrem
Schoß, und am Fest des Othar kam sie (mit dem Knaben Conchobor) nieder.«
Aus dem Englischen von Michael Korth.

O Gegner, ziehe dein Schwert – S. 70
Das Lied stammt aus der Gedichtsammlung von Muhammad al-Ha'ik, die im
Auftrag des marokkanischen Herrschers Muhammad b. ᶜAbdallah (reg. v.
1757–1790) entstand. Ob es wirklich von einer Frau gedichtet worden ist, ist
nicht zu beweisen, doch spricht auch nichts dagegen, da viele Lieder der Berber
bis heute von Frauen gedichtet werden. Der Namen des Übersetzers konnte
nicht ermittelt werden.

O mein erhabner Achttausendspeergott – S. 71
Dieser Text ist die Antwort der Jungfrau Nunakawa Hime auf die Werbung
von Yachihoko no Kami, dem Gott der achttausend Speere. Das Gedicht
stammt aus der japanischen Mythologie, die zwischen dem 1. bis 6. Jahrhun-
dert entstand und in den Geschichtswerken Kojiki (712) und Nihon-gi (720)
aufgezeichnet wurde. Aus dem Japanischen von Julius Kurth.

Zu den einzelnen Gedichten

Verliebt – S. 72
Annette von Droste-Hülshoff (1797–1848) erinnert in ihren Gedichten an die
großen Mysterikerinnen des Mittelalters. Ihre Formen sind streng, herb im
Ton, aufgeladen mit einer intensiven emotionalen Energie.

Die Rosen des Sa'di – S. 73
Marceline Desbordes-Valmore (1786–1859) war zunächst Schauspielerin, gab
diesen Beruf auf und veröffentlichte 1818 ihre ersten Gedichte, die sie sofort
nach Erscheinen bekannt machten. Durch die besten Komponisten ihrer Zeit
vertont, wurden ihre Romanzen zu sehr beliebten Liedern. Dieser Ruhm
machte sie jedoch nicht reich. Ihre dürftigen Verhältnisse besserten sich erst, als
der Herzog von Montmorency ihr ein jährliches Salär aussetzte.
Aus dem Französischen von Ulrich Friedrich Müller.

Ein junger Mann umwirbt mich zart – S. 76
Lady Isobel gehörte zum mächtigen westschottischen Clan der Campbells, die
den Namen Argyll als Herzogstitel trugen. Die Offenheit, mit der die Frauen
keltischer Gebiete in Liedern und Geschichten von ihrer Liebe erzählen, hat
ihre Wurzeln in der keltischen sozialen Tradition, wonach Mann und Frau
vollkommen gleichberechtigt waren. Bei ihnen mußten zum Beispiel Ehen
nicht für das ganze Leben geschlossen werden. Das Liebespaar konnte sich
auch auf eine bestimmte Zeit vertraglich binden. Danach konnte die Gemein-
schaft verlängert oder beendet werden. Der Besitz der Frau blieb in ihren Hän-
den, das war der Garant für ihre Unabhängigkeit. Der Text des Originals ist
schottisch-irisch. Nach K. H. Jacksons englischer Version ins Deutsche über-
tragen von Michael Korth.

Komm zurück zur Stunde – S. 77
Das Gedicht wurde um 1500 v. Chr. verfaßt. Aus dem Ägyptischen von Sieg-
fried Schott.

Zeigst du ein freundlich Antlitz mir – S. 78
Chinesische Liebeslieder aus der ersten Hälfte des ersten Jahrtausends v. Chr.
zeigen, daß die Frau dem Mann noch gänzlich gleichberechtigt ist. Erst die Be-
amtenmoral des Feudalzeitalters verhüllte alle Sinnenfreude mit einem Schlei-
er der Prüderie und wußte überall Verbotsschilder und Verhaltensvorschriften
anzubringen. Der Übersetzer des Textes konnte nicht ermittelt werden.

ERLÄUTERUNGEN

ZU DEN EINZELNEN GEDICHTEN

Haja, bubaja – S. 79
Liebeslieder, die in verschlüsselter Form als Wiegenlied dem draußen warten-
den Geliebten Botschaft über Gunst oder Ungunst der Stunde geben, gab es in
ganz Europa. Die Übertragung aus der Mundart ist von Anita Albus.

In tiefen Kummer stürzte mich ein Ritter – S. 80
Beatriz de Dia ist die bedeutendste Trobairitz (adelige Dichter-Sängerin). Sie
lebte um 1160. Eine mittelalterliche biographische Notiz teilt über sie knapp
mit: »Die Gräfin de Dia war die Gattin Herrn Wilhelms von Poitiers, eine
schöne und edle Dame; sie verliebte sich in Herrn Raimbaut von Orange und
dichtete auf ihn viele gute und schöne Lieder.« Mehr wissen wir von ihr nicht.
Alle Versuche, ihre Biographie zu erhellen, sind bisher gescheitert. Die fünf
von ihr überlieferten Lieder zeigen sie als eine der leidenschaftlichsten Dichte-
rinnen aller Zeiten und Länder. Aus dem Altokzitanischen von Michael
Korth.

Endlich bist du da – S. 82
Wie sehr Sapphos Lieder in der Antike geschätzt wurden, berichtet eine Anek-
dote über Solon (643–559 v. Chr.), der nicht nur ein berühmter Staatsmann,
sondern selbst ein ausgezeichneter Dichter war. »Solon der Athener empfand,
als einst sein Neffe Exekestides beim Symposion ein Lied Sapphos sang, Gefal-
len an diesem Lied und hieß den Jüngling, ihn dasselbe zu lehren. Als dann je-
mand fragte, aus welchem Grund ihm daran gelegen sei, erwiderte er: ›Damit
ich dieses erlerne und dann sterben kann.‹«
Aus dem Griechischen von Michael Korth.

Freu dich und trink mit mir – S. 83
Praxilla lebte um 450 v. Chr. Sie stammte aus Sikyon am Golf von Korinth.
Von ihren Gedichten sind nur Fragmente erhalten. Einige beliebte Skolien
(Trinklieder) soll sie gedichtet haben. Eine ihrer Versformen, das Praxilleion,
wurde nach ihr benannt. Nach Lorenz Straubs Übertragung aus dem Griechi-
schen neu gefaßt von Michael Korth.

Der Tag hat 24 Stunden zuwenig – S. 84
Guy de St. Louis, geboren 1957 in Hamburg. Lebt in Berlin. Sie wurde ent-
deckt von Pieke Biermann. Ihre Gedichte und Kurzgeschichten erschienen im
Verlag Gudula Lorez.

ERLÄUTERUNGEN

Zu den einzelnen Gedichten

In Schmerzensglut dreht sich mein Herz – S. 85
Aus dem Türkischen von Joseph von Hammer-Purgstall.

Du schaust auf mein braunes Fleisch – S. 86
Virginia Brindis de Salas, geb. 1920 in Montevideo, Uruguay, ist eine farbige Lyrikerin. Aus dem südamerikanischen Spanisch von Janheinz Jahn.

Gehst du fort, weil dir das Essen einfällt? – S. 87
Das Gedicht entstand um 1500 v. Chr. Aus dem Ägyptischen von Siegfried Schott.

Er küßte mich – S. 88
Aus dem Spanisch-Amerikanischen von Albert Theile.

Küß mich noch einmal – S. 89
Louise Labé (1526–1566) war die Tochter eines reichen italienischen Flüchtlings in Lyon, das damals das Zentrum der französischen Renaissance-Kultur war. Als 16jähriges Mädchen nahm sie an einem Kriegszug der königlichen Truppen teil. Nach ihrer Rückkehr heiratete sie den reichen Kaufmann und Seiler Ennemond Perrin. Wegen ihrer körperlichen Reize wurde sie »die schöne Seilerin« genannt. Nach dem Tod ihres Gatten wurde sie Mittelpunkt eines geistig-geselligen Kreises von Dichtern, Gelehrten und Künstlern. Sie ist eine der größten Lyrikerinnen der Weltliteratur. Aus dem Französischen von Rainer Maria Rilke.

Des Geliebten Nächte – S. 90
Rose Ausländer wurde 1907 in Czernowitz geboren, das damals zur Donaumonarchie der Habsburger gehörte. Heute gehört die Stadt zu Rumänien. Sie studierte dort Literaturwissenschaft und Philosophie. 1941 wurde die Stadt von der deutschen Wehrmacht besetzt. Für die Jüdin bedeutete das ein Gettoleben in ständiger Angst vor der Deportation in ein Konzentrationslager. 1946 emigrierte sie in die USA, wo sie zunächst in Englisch schrieb. Seit 1964 lebt sie in der Bundesrepublik Deutschland. »Warum schreibe ich? Vielleicht weil ich in Czernowitz zur Welt kam, weil die Welt in Czernowitz zu mir kam. Jene besondere Landschaft. Die besonderen Menschen. Märchen und Mythen lagen in der Luft, man atmete sie ein.«

ERLÄUTERUNGEN

ZU DEN EINZELNEN GEDICHTEN

Alle Briefe, die ich schreibe – S. 92
Emily Dickinson (1830–1886) wurde in Massachusetts (USA) geboren, wo sie auch nach einer unglücklichen Liebe, verschlossen in Haus und Garten ihrer Kindheit, lebte und starb. Sie veröffentlichte kaum eines ihrer Gedichte und verfügte in ihrem Testament die Vernichtung ihrer Manuskripte. Ihre Freunde fügten sich jedoch nicht diesem letzten Wunsch. Sie ist eine der bedeutendsten amerikanischen Dichterinnen. Aus dem Amerikanischen von Gertrud Liepe.

Einer von zweien – S. 93
Marie Luise Kaschnitz (1901–1974) wuchs in Potsdam und Berlin auf, arbeitete nach dem Abitur in Weimar, München und Rom als Buchhändlerin und war, nach ihrer Verheiratung mit einem Wiener Archäologen, häufig seine Begleiterin auf dessen Studienreisen ins Ausland. Von 1932 bis 1955 lebte sie wieder in Deutschland, danach erneut in Rom, dann in Frankfurt. Sie ist eine der wichtigsten deutschen Dichterinnen des 20. Jahrhunderts.

Innen sind deine Augen Fenster – S. 94
Ingeborg Bachmann (1926–1973) wuchs in Kärnten auf, studierte in Graz, Innsbruck und Wien und promovierte 1950 mit einer Dissertation über »Die kritische Aufnahme der Existenzphilosophie Heideggers«. 1953 und 1956 veröffentlichte sie ihre Lyrik-Sammlungen »Die gestundete Zeit« und »Anrufung des großen Bären«, die sie schlagartig berühmt machten. Sie lebte in Italien, München, Zürich, Berlin und zuletzt hauptsächlich in Rom, wo sie starb.

Uralter Worte kundig kommt die Nacht – S. 96
Ricarda Huch wurde 1864 in Braunschweig geboren, wo sie als Patrizier-Tochter aufwuchs. Als Zweiundzwanzigjährige faßte sie den für ein Mädchen ihrer Herkunft damals fast revolutionären Entschluß, nach Zürich zu gehen und dort als eine der ersten Frauen Geschichte und Philosophie zu studieren. Bis 1897 war sie Lehrerin in Zürich. 1899 ging sie mit ihrem Mann Ermanno Ceconi nach Triest. Nach ihrer Scheidung heiratete sie ihren Vetter Richard Huch, von dem sie sich nach drei Jahren wieder trennte, um erneut eine Liebesbeziehung mit Ceconi anzuknüpfen. Ihre Werke machten sie berühmt. Thomas Mann nannte sie 1924 »die größte Frau Deutschlands«. 1933 trat sie aus der Preußischen Akademie der Künste aus, um damit gegen den Ausschluß jüdi-

scher Schriftsteller und der als »entartet« gebranntmarkten Käthe Kollwitz zu protestieren. Sie starb 1947 bei Frankfurt.

Erfinden wir unsere eigene Sprache – S. 99
Aus dem Spanischen von Dieter Masuhr.

Bibel – S. 100
Aus dem Spanischen von Dieter Masuhr.

Dich bereisen – S. 101
Aus dem Spanischen von Dieter Masuhr.

Frühe Sonne, Mitte des Monds – S. 103
Über Brigitte Oelschinski konnte nichts in Erfahrung gebracht werden.

Ich bin – S. 105
Aus dem Spanischen von Dieter Masuhr.

Winterlust – S. 106
Waltraud Riegler wurde 1959 im Burgenland geboren. »20 Jahre in einem Weinort an der ungarischen Grenze geträumt, von der Armut der Eltern erdrückt worden und im Lauf der Zeit immer mehr zur Außenseiterin geworden. 5 Jahre in einer Handelsakademie geträumt und rebelliert, nach der Matura genug von Zahlen, Männern und dem Dorf. In Wien ab 1979, das erste eigene Zimmer und die Einsamkeit genossen. Später Depressionen und dann genug Mut gesammelt, um ein frauenbewegtes Leben zu beginnen.«

Mein Morgenschlafhaar – S. 107
Dieses Tanka ist aus Manyôshû, der »Zehntausend-Blätter-Sammlung«, einer Anthologie japanischer Gedichte, die um 760 entstanden ist. Aus dem Japanischen von Wilhelm Gundert.

Solange du da bist – S. 108
Das Lied stammt aus der Gedichtsammlung von Muhammad al-Ha'ik, die im Auftrag des marokkanischen Herrschers Muhammad b. ᶜAbdallah (reg. v.

ZU DEN EINZELNEN GEDICHTEN

1757–1790) entstand. Der Name des Übersetzers konnte nicht ermittelt werden.

Linie wie – S. 113
Nelly Sachs (1891–1970) wuchs als Tochter einer großbürgerlichen jüdischen Familie in Berlin auf. 1940 gelang ihr mit ihrer Mutter die Flucht aus dem nationalsozialistischen Deutschland. Ihre Rettung verdankte sie der schwedischen Dichterin Selma Lagerlöf, mit der sie seit 1907 in Briefkontakt stand. 1966 erhielt sie gemeinsam mit dem israelischen Dichter Agnon den Nobelpreis für Literatur.

Sich in einen anderen verwandeln – S. 114
Aus dem Amerikanischen von Michael Korth.

Liebende Frauen – S. 115
Aus dem Amerikanischen von Michael Korth.

Eva an Gott – S. 116
Die Inderin Kavita Sinha wurde 1932 geboren. Sie ist Programm-Produzentin im All India Radio, Kalkutta, und Herausgeberin der täglich erscheinenden Gedichtzeitung DAINIK KAVITA. Aus dem Bengali von Alokeranjan Dasgupta und Trudberta Dasgupta.

Was brauche ich diesen Popanz – S. 119
Die indische Dichterin Mahādēviyakka wurde im 12. Jahrhundert in Udutadi, einem Dorf in Sivamogga, geboren. Bereits in frühester Jugend bezeichnete sie den Gott Schiwa, ihren »Herrn, weiß wie Jasmin«, als ihren geliebten Gemahl. Als sie eines Tages der König Kauschika erblickte, verliebte er sich in Mahādēviyakka und beschloß, sie zu seiner Frau zu machen. Er warb um sie bei ihren Eltern. Als er jedoch die Ehe vollziehen wollte, verließ Mahādēviyakka ihn nackt wie sie war »nur mit ihren eigenen Haaren bedeckt«. Sie ging als Schülerin zu dem Heiligen Allama und schließlich zu dem heiligen Berg Śriśaila, wo sie »ihn fand und sich selbst verlor«. Als sie kaum 20jährig starb, wurde sie der Legende zufolge mit ihrem göttlichen Geliebten Schiwa vereinigt. Ihre erotischen Visionen bilden eine verblüffende Parallele zu Mechthilds mystischen Ekstasen. Nach A. K. Ramanujans englischer Version ins Deutsche übertragen von Harald Riedl.

Zu den einzelnen Gedichten

Wenn ich scheine, mußt du leuchten – S. 124
Aus dem Mittelhochdeutschen von Michael Korth.

O du gießender Gott – S. 125
Aus dem Mittelhochdeutschen von Urs von Balthasar.

Ich stürbe gern vor Liebe – S. 126
Aus dem Mittelhochdeutschen von Michael Korth.

Die Liebe überflutet das All – S. 127

Hildegard von Bingen (1098–1179) war eine der bedeutendsten Frauen der europäischen Geschichte. Sie war erstaunlich vielseitig begabt als Wissenschaftlerin, Mystikerin, Dichterin und Komponistin. Ihre leidenschaftliche Lyrik hebt sich von aller anderen Dichtkunst ihrer Zeit ab. Als Äbtissin des Binger Nonnenklosters war sie eine scharfe Beobachterin des Zeitgeschehens und wechselte Briefe mit einflußreichen Zeitgenossen, u. a. mit dem Papst, mit Kaiser Barbarossa und Bernhard von Clairvaux. Daß im Binger Kloster unter ihrer Leitung das Leben autonom gestaltet wurde, wissen wir aus Briefen. So stellt die Meisterin des Kanonissenstiftes von Andernach die Frage, ob es wahr sei, »daß nämlich Eure Nonnen an Festtagen beim Psalmengesang mit herabwallendem Haar im Chore stehen und als Schmuck leuchtend weiße Schleier tragen«. Als die Mainzer Prälaten Hildegard 1177 die Aufführung ihrer Lieder im Gottesdienst verboten – Messe und Stundengebet durften nicht mehr zu ihren ekstatischen Melodien erklingen –, wie es die Lehre der Kirchenväter vorschrieb, antwortete sie: »...Diejenigen, also, die der Kirche in bezug auf das Singen des Gotteslobes Schweigen auferlegen, werden keine Gemeinschaft haben mit dem Lob der Engel im Himmel. ... Denn das härteste Gericht wird über die Prälaten ergehen, wenn sie nicht ... ihr Vorsteheramt mit Sorgfalt durchführen.« Die streitbare Äbtissin kämpfte um die Rechte der Frau wie Königin Eleonore von Aquitanien. Aus dem Lateinischen von Sr. Adelgundis Führkötter.

Daß ich dich oftmals liebe – S. 128
Der Übersetzer konnte nicht ermittelt werden.

Zu den einzelnen Gedichten

Der Mond ist fort – S. 130
Sappho von Mytilene lebte um 600 v. Chr. auf Lesbos. Sie gehört zu den größten Lyrikern der Weltliteratur. Ihre erotischen Götterlieder und Hochzeithymnen dichtete und komponierte sie für ihre Mädchen im Kult der Aphrodite, einer kultischen Erziehungsgemeinschaft auf Grundlage des Eros. Aus dem Griechischen von Michael Korth.

Wie fiel im Sommer Reif – S. 131
Pang-tschi-yü lebte um 20 v. Chr. Aus dem Chinesischen von Klabund.

Wulf und Eadwacer – S. 132
Dieses Lied stammt aus einer englischen Handschrift des 10. Jahrhunderts. Es gilt als eines der Glanzstücke angelsächsischer Dichtung. Wulf, der Liebhaber der Frau, ist offenbar ein Ausgestoßener. Er nimmt ihr gemeinsames Kind mit sich in die Wälder, um es zu retten. Eadwacer ist der Ehemann. Aus dem Altenglischen von Michael Korth.

Traumgewebe – S. 133
Aus dem Spanischen von Dieter Masuhr.

Seelenallein – S. 134
Christine de Pisan, geboren um 1365 in Venedig, wuchs in Paris auf. Nach dem Tod ihres Mannes, dem königlichen Sekretär Etienne du Castel, und ihres Vaters Thomas von Pisano, dem Leibarzt und Astrologen des französischen Königs Karl V., war sie gezwungen, ihren Lebensunterhalt für ihre Familie selbst zu besorgen. Sie begann zu schreiben und brachte es fertig, als erste Frau davon zu leben. Sie schrieb Lyrik, Lehrgedichte, Streitschriften zur Frauenfrage und politische Traktate. Sie starb um 1430 in einem Nonnenkloster. Aus dem Mittelfranzösischen von Michael Korth.

Die Weiden flattern auf und nieder – S. 135
Dieses Gedicht entstand etwa im 4.–5. Jahrhundert. Aus dem Chinesischen von Ernst Schwarz.

Zu den einzelnen Gedichten

Ich wechsle das Kissen – S. 136
Kaiserin Hsjau Guan-Yin lebte von 1040–1075. Aus dem Chinesischen von Ernst Schwarz.

Wo eine Träne hinfällt, bleibt ein Grübchen – S. 137
Aus dem Mährischen von Reinhold Kudielka.

In der Höhle überwintre ich – S. 138
Aus dem Türkischen von Ursula Reinhard.

In der schmerzhaften Einsamkeit des Sonntags – S. 139
Gioconda Belli, geboren 1948 in Managua, beteiligte sich seit 1975 an den Befreiungs-Aktionen der Sandinistischen Befreiungsfront in Nicaragua. Nach ihrer Verhaftung gelang ihr die Flucht nach Costa Rica. Nach dem Sieg der Sandinisten 1979 kehrte sie in ihre Heimat zurück. Zur Zeit leitet sie das nicaraguanische Presse- und Informationsamt. Für ihre großartigen Gedichte wurde sie mit mehreren Preisen ausgezeichnet. Aus dem Spanischen von Dieter Masuhr.

Chaos – S. 141
»Ich bin in Theben (Ägypten) geboren, wenn ich auch in Elberfeld zur Welt kam im Rheinland. Ich ging 11 Jahre zur Schule, wurde Robinson, lebte fünf Jahre im Morgenlande, und seitdem vegetiere ich.« Schrieb Else Lasker-Schüler 1920 als Lebenslauf für die expressionistische Anthologie »Menschheitsdämmerung«. Sie wurde 1869 geboren, war zweimal verheiratet, Mutter eines Sohnes, lebte ständig in finanzieller Not, floh 1933 als Jüdin nach Zürich und emigrierte 1939 nach Palästina, wo sie arm und vereinsamt 1944 starb. Für Gottfried Benn war sie »die größte Lyrikerin, die Deutschland jemals besaß«.

Mein Pein ist tiefer – S. 142
Mechthild von Magdeburg wurde um 1207 in Niedersachsen geboren und lebte als Begine in Magdeburg. Ihre Visionen, die sie unter dem Titel »Das fließende Licht der Gottheit« von Heinrich von Halle sammeln ließ, bilden das mächtigste und ursprünglichste Werk deutscher Frauenmystik. »Ihre himmlischen Sprüche sind wie irdische Liebeslieder. Mechthild von Magdeburg ist trunken vor Askese. Ihr Geist kennt die Wollust des Fleisches. Jesus ist ihr zärtliches Gespiel und sie seine Tänzerin.« (Klabund). Sie starb um 1282 im Zisterzienserkloster Helfta.

Zu den einzelnen Gedichten

Nächtiges Elend – S. 143
Maria Janitschek (1859–1927), war das uneheliche Kind einer Offizierswitwe.
Sie wuchs in Ungarn auf und lebte ab ihrem neunzehnten Lebensjahr in Graz,
später in Berlin und München.

Bei mir in Moskau leuchten die Kuppeln – S. 144
Marina Cvetaeva (1892–1941), neben Anna Achmatova die bedeutendste russi-
che Lyrikerin, war mit allen großen Dichtern ihrer Zeit befreundet. Sie lehnte
die Oktoberrevolution ab und ging 1922 mit ihrem Mann nach Paris in die
Emigration. Vereinsamung, finanzielle Not und Heimweh ließen sie 1939
nach Rußland zurückkehren. Dort wurde ihr Mann erschossen und ihre Toch-
ter in ein Lager gebracht. In ihrer Verzweiflung ging sie freiwillig aus dem Le-
ben. Aus dem Russischen von Lydia Titowa.

Hätt gern einen neuen Liebsten – S. 146
Das Lied wurde in den zwanziger Jahren von R. und M. d'Harcourt auf einer
Hacienda aufgezeichnet. Der Text des Originals ist in Ketschua, der Indianer-
sprache. Nach Jorge Basadres spanischer Version übersetzt von Juliane Bam-
bula-Diaz.

Ich wollte die Schönheit der Halle genießen – S. 147
Das Lied entstand um 1500 v. Chr. Nach Bertus Aafjes' holländischer Version
ins Deutsche übertragen von Johannes Piron.

Der süße Schlaf – S. 149
Das Lied stammt aus dem 18. Jahrhundert. Es wurde von Achim von Arnim
und Clemens Brentano aufgezeichnet und in ihrem »Knaben Wunderhorn«
1806/08 als »Liebesklage eines Mädchens« veröffentlicht.

O Braune Augen – S. 150
Aus dem Französischen von Max Rieple.

Ich bin des langen Harrens nun so müd – S. 151
Aus dem Italienischen von Werner Roß.

Verletzt bin ich tief drinnen – S. 152
Diese Liebesklage bringt eine Schallplatte der flämischen Gruppe Rum. Auf
dem Cover ist nicht vermerkt, aus welcher Zeit das Lied stammt. Die Struktur
der großartigen Melodie läßt jedoch schließen, daß es in der Renaissance ge-
dichtet und komponiert wurde. Aus dem Flämischen von Michael Korth.

Zu den einzelnen Gedichten

Hinter der Türe – S. 153
Die Schweizerin Silja Walter wurde 1919 geboren. Sie lebt heute als Schwester Maria Hedwig im Kloster Fahr bei Zürich. Nach dem Eintritt ins Kloster schrieb sie hauptsächlich Romane, von denen »Die Schleuse oder Abteien aus Glas« (1972) als der bedeutendste gilt.

Unterm Schleier – S. 154
Anna Achmatova wurde 1889 in Odessa geboren. Sie begann schon als Kind Gedichte zu schreiben. Von 1910 – 1912 lebte sie in Paris und Norditalien, wo sie sich mit Modigliani befreundete. 1922 erschien ihr sechster Gedichtband, wofür sie zu 18 Jahren Publikationsverbot verurteilt wurde. 1946 wurde sie aus dem sowjetischen Schriftstellerverband ausgeschlossen. Sie starb 1966. Aus dem Russischen von Xaver Schaffgotsch.

Mich freut's nicht mehr – S. 155
Das Lied entstand etwa im 4.–5. Jahrhundert. Aus dem Chinesischen von Ernst Schwarz.

Ich Arme – S. 156
Das Lied stammt aus der Carmina Burana – Handschrift, entstanden um 1230. Aus dem Lateinischen von Michael Korth.

O junger Donall – S. 158
Die großartigen keltischen Volkslieder mit ihren schönen dichterischen Bildern, ihrer Weite und ihren ergreifenden Melodien haben ihre Wurzeln in der alten Druiden-Kultur, wo Dichter und Sänger Priester waren. Wie sehr die Iren noch heute Dichtung und Gesang verbunden sind, zeigt ihr Wappen, die irische Harfe. Als einziges Volk der Welt haben sie ein Musikinstrument zum Nationalsymbol gewählt. Aus dem Irischen von Hans Trausil.

Das ewige Bild – S. 163
Aus dem Italienischen von Bruno Goetz.

Für den Winter Süßigkeiten – S. 164
Das Lied stammt aus dem Schi-king, der klassischen chinesischen Liedanthologie aus dem 1. Jahrtausend v. Chr. Aus dem Chinesischen von Friedrich Rückert.

ZU DEN EINZELNEN GEDICHTEN

Wird mich das Grab von Eifersucht erlösen? – S. 165
Claire Goll (1891–1977) wuchs in Nürnberg und München als höhere Tochter unglücklich auf, haßte ihre Mutter, liebte ihre Lehrerin, floh früh in eine Ehe, ließ sich bald wieder scheiden und begann danach an der Universität Genf zu studieren. 1918 und 1920 veröffentlichte sie ihre ersten Gedichtbände. 1916 hatte sie Yvan Goll kennengelernt, mit dem sie seit 1919 in Paris lebte. Malraux, Chagall, Joyce und andere Berühmtheiten gehörten zu ihren Freunden. Während des Zweiten Weltkrieges emigrierte sie in die USA. 1947 kehrte sie nach Paris zurück.

Der gliederlockernde Eros – S. 166
Wie bekannt dieses Lied noch nach Jahrhunderten war, zeigt eine Anmerkung des griechischen Sophisten Maximus aus Tyrus, der in der zweiten Hälfte des 2. Jahrhunderts n. Chr. abwechselnd in Rom und in Griechenland lebte: »Diotima sagt (bei Platon), daß im Glück der Eros blüht, wenn er Not leidet, aber stirbt. Das hat Sappho in einem Wort zusammengefaßt und den Eros »süßbitter« und »Schmerzensschenker« genannt. Sokrates nennt Eros einen Sophisten, Sappho nennt ihn den »Worte flechtenden«. Aus dem Griechischen von Michael Korth.

Das weiße Poem – S. 167
Aus dem Litauischen von Lucia Baldauf.

Wie ein Gott kommt er mir vor – S. 168
Aus dem Griechischen von Michael Korth.

Mir wässerte der Mund – S. 170
Mihri Hatun (um 1460–1506) ist eine der bekanntesten Dichterinnen der klassisch-osmanischen Versliteratur. Ihr Vater war islamischer Richter (Kadi) in Amasya, wo Mihri geboren wurde und ihr ganzes Leben verbrachte. Sie erhielt eine gediegene Erziehung, lernte Arabisch und Persisch, war berühmt für ihre Anmut und Schönheit, und wurde für ihre Redekunst bewundert. So ist es nicht verwunderlich, daß sie eine große Zahl Bewerber hatte, denen sie jedoch allen den Korb gab, um unabhängig leben zu können. Sie hatte eine Liebesbeziehung zu Iskender-Tschelebi, dem ihre beiden hier abgedruckten Gedichte gewidmet sind. Aus dem Türkischen von Joseph von Hammer-Purgstall.

ZU DEN EINZELNEN GEDICHTEN

Wenn sein Phallus ein Tabaksbeutel wär – S. 171
Nach Jacques Chevriers französischer Version ins Deutsche übertragen von
Michael Korth.

Schau, was Catherine gemacht hat – S. 172
Catherine Ndoki ist eine zeitgenössische afrikanische Jazzsängerin aus Zaire.
Eifersucht läßt Männer wie Frauen häufig einen Zauberer aufsuchen, um Riva-
len oder Rivalin zu behexen oder den eigenen Partner für seine Untreue zu
strafen wie in diesem Lied: Er soll seine Arbeit verlieren. Nach Jacques
Chevriers französischer Version ins Deutsche übertragen von Michael Korth.

Gott gebe dem ein böses Jahr – S. 173
Der Chronist, der dieses Lied aufzeichnete, schrieb dazu: »Zu diesen Zeiten
(1359) da sang und pfiff man dieses Lied.« Es ist genau die Zeit, in der die religiö-
se Frauenbewegung in Deutschland große Erfolge hatte und die Beginen vor al-
lem im Rheinland zahlreiche Kommunen gründeten. Aus dem Mittelhoch-
deutschen von Michael Korth.

Tränensack, versiegelt – S. 174
Barbara Maria Kloos, geb. 1958 in Darmstadt, studierte Germanistik und
Theaterwissenschaft in München. Sie ist Mitherausgeberin der Literaturzeit-
schrift »Federlese« und lebt in München.

Xerabo! Du bist wirklich schlecht – S. 176
Obwohl die Kurden Moslems sind, leben sie im allgemeinen nicht polygam.
Auch ist die Kurdin im Gegensatz zu den Frauen anderer islamischer Völker
dem Mann gleichgestellt. Sie trägt keinen Schleier und kümmert sich selbstän-
dig um die finanziellen und wirtschaftlichen Angelegenheiten des Hauses.
Wenn Fremde zu Gast sind, nimmt sie an der Gesellschaft teil. Die meisten Lie-
der der Kurden werden von Frauen verfaßt, sogar die Kriegslieder. Aus dem
Kurdischen von Yekta Geylanî.

Verzweiflung – S. 177
Aus dem Spanisch-Amerikanischen von Erwin Walter Palm.

ERLÄUTERUNGEN

Zu den einzelnen Gedichten

Einst war ich der Tag – S. 180
Margarete Beutler (1876–1949) wurde in einer pommerschen Kleinstadt geboren, wo ihr Vater Bürgermeister war. Sie machte das Lehrerinnenexamen und ging nach Berlin. 1902 erschien ihr erster Lyrikband, der sie bekannt machte. Einer ihrer Berliner Freunde war Christian Morgenstern. Später lebte sie in München als Redakteurin.

Du lebst – S. 183
Anne de Noailles (1864–1933) hatte einen rumänischen Vater und eine griechische Mutter. Sie lebte in Paris und schrieb ihre Gedichte in französischer Sprache. Aus dem Französischen von Rainer Maria Rilke.

Ach, nun bist du fort – S. 184
Yanagiwara Yasuko (1783–1866) war eine bekannte japanische Dichterin, deren Werke bis heute geschätzt werden. Aus dem Japanischen von Gerolf Coudenhove.

Verschmähte Perlen – S. 185
Me Fe war die verstoßene Gemahlin des chinesischen Kaisers Hsüan-dsung (689–780). Aus dem Chinesischen von Johann Wolfgang Goethe.

Weißer Nebeldunst – S. 186
Die Hofdame Ise war die Geliebte des japanischen Kaisers Uda. Sie lebte in der zweiten Hälfte des 9. Jahrhunderts. Aus dem Japanischen von Gerolf Coudenhove.

An mein Gartentor – S. 187
Aus dem Japanischen von Gerolf Coudenhove.

Herrlich sprießt und blüht der Wald – S. 188
Die Strophe stammt aus den Carmina burana, einer Sammlung weltlicher und geistlicher lateinischer Lieder, die um 1230 im süddeutschen Raum wohl von einem literatur- und musikbegeisterten Abt in Auftrag gegeben wurde. Aus dem Lateinischen von Michael Korth.

Zu den einzelnen Gedichten

Rieselt ein feiner Regen – S. 189
Lieder dieser Art sind durchweg Tanzlieder der Frauen und Mädchen. Aus dem Bulgarischen von Gerhard Gesemann.

Über den wogengemusterten Grund des Meeres – S. 190
Ella Young (1865–1951) begegnete als junges Mädchen in einsamen Gegenden Irlands den Sagen und Liedern, die dort seit Generationen mündlich weitergegeben wurden. 1925 ging sie in die USA, wo sie an Universitäten Vorlesungen hielt über keltische Mythologie und Literatur. Aus dem Irischen von Hans Trausil.

Es ist Morgen – S. 193
Keto von Waberer ist eine junge Frau, die ihr Alter aus magischen Gründen nicht preisgibt. Sie ist die Tochter einer Deutschen und eines bolivianischen Architekten, verbrachte ihre Kindheit in Südtirol, lebte lange in Mexiko und den USA und wohnt heute mit ihren beiden Kindern in München. Sie studierte Kunst und Architektur, arbeitete als Architektin, Übersetzerin und Journalistin und veröffentlichte mehrere Bücher mit Erzählungen und einen Roman.

Weit ist mein Geliebter – S. 194
Aus dem Finnischen von Heinrich Möller.

Die Orchidee aus Stahl – S. 195
Aus dem Spanischen von Dieter Masuhr.

Ich möchte gerne – S. 196
Erika Taube, geb. 1913, war die Frau des Wiener Kapellmeisters Karl Siegmund Taube. Sie kam 1941 mit ihrem Mann in das Konzentrationslager Theresienstadt und 1944 nach Auschwitz, wo sie starb. Das Lied entstand im Konzentrationslager Theresienstadt.

Ich warte auf Post – S. 197
Maria Kociubska wurde 1911 in Warschau geboren, am 23. 9. 1941 von der deutschen Besatzung verhaftet und ins Konzentrationslager Ravensbrück verschleppt. 1943 wurde sie nach Majdanek überführt. Nach ihrer Rückkehr nach Ravensbrück starb sie 1944 an Entkräftung. Das Gedicht entstand 1941 in Ravensbrück. Aus dem Polnischen von Suse Pampuch.

ERLÄUTERUNGEN

ZU DEN EINZELNEN GEDICHTEN

Es steht die Nacht – S. 198
Zofia Karpinska wurde 1908 in Lemberg geboren. Nach der Besetzung Polens durch die deutsche Wehrmacht arbeitete sie im Untergrund, wurde 1942 verhaftet und kam in das Konzentrationslager Majdanek, später nach Ravensbrück. Das Lied entstand 1943 in Majdanek. Zofia Karpinska starb in den sechziger Jahren. Aus dem Polnischen von Suse Pampuch.

Nie hab ich, heilige Engel, euch beneidet – S. 200
Gaspara Stampa (1523 bis 1554) stammte aus einer Mailänder Patrizierfamilie. Sie lebte ein ungebundenes Leben in Venedig und widmete sich als Dame der Renaissance den schönen Künsten und der Liebe, weshalb einige Biographen sie zu einer Kurtisane machen wollen. Viele ihrer Canzioniere sind dem Grafen Collaltino di Collalto gewidmet. Aus dem Italienischen von Werner Roß.

Ich hab die Nacht geträumet – S. 201
Das Lied entstand im 18. Jahrhundert.

Liebe Mutter – S. 202
Aus dem Kroatischen von Stjepan Stepanow.

Die drei Blätter – S. 203
Das Lied ist eine Totenklage auf den Geliebten. Während den Wildpflanzen Eisenkraut und Lattich heilende Wirkung zugeschrieben wird, galt Petersilie als Totenpflanze, die gern auf Gräber gepflanzt wurde. Die letzte Strophe bedeutet also, daß der Geliebte gestorben ist. Aus dem Spanischen von Wiplinger de Torra.

Wenn du nach Unu gehst – S. 204
Aus dem Türkischen von Ursula Reinhard.

Ich, Jungfrau und Witwe – S. 205
Aus dem Irischen von Hans Trausil.

Der schwarze Zug kommt – S. 206
Aus dem Türkischen von Ursula Reinhard.

ERLÄUTERUNGEN

ZU DEN EINZELNEN GEDICHTEN

Beschützer – S. 207
Die Totenklage entstand zur Zeit der Eroberung des Inka-Reiches durch die Spanier (1531–1533). Die Eroberer behielten die Landessprache der Indianer, das Ketschua, bei, da sie auf diese Weise die straffe staatliche Organisation der Inkas bruchlos für die neue Kolonie nutzen konnten. Bereits 1551 richteten sie an der Kathedrale von Lima einen Lehrstuhl für Ketschua ein. Um eine Grammatik und ein Wörterbuch des Ketschua verfassen zu können, sammelten die spanischen Missionare Texte der unterworfenen Inka-Kultur. Nach Jesús Laras spanischer Version ins Deutsche übertragen von Juliane Bambula-Diaz.

Der Sturm ließ nach – S. 208
Li Tsching-dschau war eine Dame der chinesischen Aristokratie. Sie lebte von 1084 – nach 1100. Aus dem Chinesischen von Ernst Schwarz.

Ich such und such im Haus herum – S. 209
Aus dem Chinesischen von Ernst Schwarz.

Das Kissen – S. 210
Aus dem Russischen von Xaver Schaffgotsch.

Erlauchte Geister – S. 211
Vittoria Colonna stammte aus dem berühmten und mächtigen römischen Geschlecht Colonna, das vom Ende des 11. bis ins 16. Jahrhundert eine bedeutende Rolle in der Geschichte der Stadt Rom spielte. Aus dieser Familie sind Papst Martin V., viele Kardinäle, Staatsmänner, Gelehrte, Feldherren und Schriftsteller hervorgegangen. Vittoria, die berühmteste Dichterin Italiens, wurde 1490 im Castello di Marino bei Rom geboren und sehr jung mit Ferrante d' Avalos verheiratet. Als ihr Mann infolge seiner Verwundung in der Schlacht von Pavia 1525 starb, zog sie sich als Witwe nach Rom zurück, wo sie mit den bedeutendsten Männern ihrer Zeit bekannt war. Ihre körperliche und geistige Schönheit wurde allgemein bewundert und inspirierten Michelangelo, mit dem sie eng befreundet war, zu seinen schönsten Gedichten. Sie starb 1547 in Rom. Aus dem Italienischen von Horst Rüdiger.

Ich bin so voll von Liebe – S. 214
Aus dem Chinesischen von Klabund.

ZU DEN EINZELNEN GEDICHTEN

Gleich bei meinem Haus – S. 215
Prinzessin Shikishi lebte um 1200. Ihr Gedicht ist an den schönen Prinzen
Kore-Akira (1179–1221) gerichtet, der ihr darauf antwortete:

> Ach, wie ist mir leid,
> daß die Kirschenblütenpracht
> schon vorüber ist!
> Warum sagtet Ihr mir nichts,
> als der Baum in Blüte stand?

Aus dem Japanischen von Gerolf Coudenhove.

Solange meine Augen Tränen geben – S. 217
Aus dem Französischen von Rainer Maria Rilke.

Die Verlassene – S. 218
Gertrud Kolmar wurde 1894 in Berlin geboren. Ihre Familie gehörte zum jüdi-
schen Großbürgertum. Sie erwarb ein Dolmetscherdiplom und arbeitete wäh-
rend des Ersten Weltkrieges als Übersetzerin in einem Gefangenenlager. Da-
nach lebte sie völlig zurückgezogen vom öffentlichen und literarischen Leben
Berlins. 1938 wurde ihr Elternhaus zwangsverkauft, 1941 wurde sie zur
Zwangsarbeit in eine Munitionsfabrik verschleppt und im Frühjahr 1943 in
ein Konzentrationslager deportiert. Ort und Datum ihres Todes sind un-
bekannt.

Der graue Fels bin ich – S. 219
Dieser Gesang wurde von Fiona Macleod (1856–1905) aufgezeichnet. Aus dem
Irischen von Hans Trausil.

Wenn die Blume welkt – S. 220
Aus dem Japanischen von Gerolf Coudenhove.

Nein, so lieb du mir bist – S. 221
Aus dem Griechischen von Michael Korth.

Nicht einmal im Traum – S. 222
Die Hofdame Ise war die Konkubine des Kaisers Uda. Sie wurde 875 geboren
und starb um 938. Nach G. Renondeaus französischer Version ins Deutsche
übertragen von Michael Korth.

Zu den einzelnen Gedichten

Öffentliche Liebe – S. 223
Joyce Carol Oates wurde 1938 in Lockport/New York geboren. Sie ist Universitätsprofessorin für Englische Literatur. Aus dem Amerikanischen von Michael Korth.

Still lag ich da – S. 225
Christina Rossetti (1830–1894) war die Tochter eines nach England geflüchteten italienischen Dichters und Schwester des Begründers der Präraffaeliten Dante Gabriel Rossetti (1828–1882). Aus dem Englischen von Albert Dessoff.

Und draußen steht eine bange Nacht – S. 226
Zofia Karpiska dichtete dieses Lied 1944 im Konzentrationslager Majdanek. Dort wurden 1,5 Millionen Menschen ermordet. Aus dem Polnischen von Alex Kulisiewicz.

Das Angesicht der Welt hat sich gewandt – S. 227
Elizabeth Barrett-Browning (1806–1861) erhielt als Tochter eines wohlhabenden Londoner Kaufmanns eine ausgezeichnete Erziehung und begann schon als junges Mädchen zu dichten. 1846 heiratete sie den Dichter Robert Browning und lebte mit ihm bis zu ihrem Tod in Florenz. Ihre Sonette gehören zu den schönsten englischen Gedichten. Aus dem Englischen von Maria Gothein.

Bleib mir erhalten – S. 230
Renate Rasp wurde 1935 in Berlin geboren. Sie wechselte von der Schauspielschule an die Kunstakademie in Berlin und lebt heute in München und Cornwall.

Liebster komm zu den Hügeln – S. 231
Efua Theodora Morgue, eine moderne afrikanische Lyrikerin, wurde 1924 in Cape Coast, Goldküste, geboren. Aus dem Afrikanischen von Janheinz Jahn.

Ich will mein Trauern lassen – S. 232
Dieses mittelhochdeutsche Lied ist in den Carmina burana überliefert. Die Sammlung dürfte um 1230 entstanden sein. Vermutlich wurden Lieder dieser Art von Mädchen zum Reigentanz gesungen. Aus dem Mittelhochdeutschen von Michael Korth.

Zu den einzelnen Gedichten

Häusliche Wunder – S. 233
Aus dem Amerikanischen von Michael Korth.

Wenn der Schnee von jene Höhen – S. 234
Luise Adelaide Schopenhauer (1797–1849) war die Tochter der bekannten Schriftstellerin Johanna Henriette Schopenhauer und Schwester des berühmten Philosophen und Frauenfeindes Arthur.

Drunten liegt noch Schnee – S. 235
Kaiserin Nijô lebte von 842–910. Aus dem Japanischen von Gerolf Coudenhove.

In zwei Hälften – S. 236
Hwang Chin-i (um 1506–1544) war die berühmteste Dichterin Koreas in Songdo, Tänzerin und Musikerin. Sie lebte zur kulturellen Blütezeit unter König Chung-jong. Ihre Gedichte, deren Hauptthema die Liebe ist, gehören zu den schönsten der koreanischen Dichtung. Aus dem Koreanischen von Peter H. Lee.

Was bleibt – S. 237
Lulu von Strauss und Torney (1873–1956) wuchs in Bückeburg auf und unternahm bereits in ihrer Jugend ausgedehnte Reisen durch Europa. Mit fünfundzwanzig veröffentlichte sie ihren ersten Lyrikband. 1916 heiratete sie den Verleger Eugen Diederichs und baute mit ihm den Diederichs Verlag auf.

Wind, o du Wind – S. 238
Salomėja Nėris (1904–1945) ist eine der bedeutendsten litauischen Dichterinnen. Aus dem Litauischen von Lucia Baldauf.

Aus alten Rosen – S. 239
Julia Talaska, geb. 1962 in Venedig, Gründerin und Sängerin der Rockgruppe Minotauro, lebt in New York und Rom.

Gib mir ein Wiedersehn – S. 240
Marija Petrovych (1908–1979) wurde in Moskau geboren. Sie studierte an der Universität Moskau. Das Gedicht »Gib mir ein Wiedersehn" hat Anna Achmatova wiederholt als das beste Liebesgedicht des 20. Jahrhunderts bezeichnet. Marija Petrovychs Gedichte sind bisher nur zu einem kleinen Teil gedruckt. Aus dem Russischen von Kay Borowsky.

ERLÄUTERUNGEN

Zur Auswahl und ein Dankeschön

Dieses Buch ist die erste Gedichtsammlung, die erotische Frauenlyrik von der Antike bis zur Gegenwart und von China bis Chile in Beispielen bringt. Der Großteil der Arbeit bestand in der Recherche, wobei mich oft der Zufall auf die richtige Spur brachte. Die Auswahl der Gedichte ist, um es wissenschaftlich auszudrücken, streng subjektiv. Ich habe nur die Texte genommen, die mir gefielen und die auch den Frauen, die mir bei meiner Arbeit halfen, gefallen haben. Mein Ziel war es, die Qualität und Eigenart der erotischen Frauenlyrik durch besonders eindrucksvolle Gedichte zu zeigen. Viele Texte mußten für diese Sammlung neu übersetzt werden, zum Teil, weil die Wortwahl vorangegangener Übersetzungen heute altmodisch wirkt, zum Teil, weil manches Gedicht noch nie übersetzt worden war.

Die Stimmungen und Emotionen von Frauen aus so verschiedenen Epochen und Kulturen in einem Buch zu vereinen, hat mir einiges Kopfzerbrechen bereitet. Eine chronologische Einteilung hätte ebenso die Ausstrahlung eines Universitätslehrbuches gehabt wie die starre Einteilung nach Ländern. Nach vielen fruchtlosen Versuchen habe ich schließlich resigniert. Zum Glück war *Nancy Arrowsmith* bereit, mir eine Woche ihrer Zeit zu schenken. Ihr gelang es, die vielfältigen Gefühle in Gedichten und Liedern zu einer harmonischen Einheit zu fügen, der Sammlung einen guten Rhythmus zu geben und hin und wieder überraschende Kontrapunkte zu setzen. Ohne ihre große Hilfe wäre das Buch zweifellos langweiliger geworden.

In den Gedichten kommen auffallend viele Namen von Blumen vor, den Schönheitsköniginnen der Natur, die mit ihren Formen, Farben und Wohlgerüchen Partner zum Bestäuben anlocken. Nancy verdanke ich die Idee, die Gedichte mit Blüten zu schmücken. Es sollte ein schönes Buch werden, schön wie die Natur, die uns immer mehr verlorengeht.

Beim Entstehen des Buches haben außer ihr noch viele weitere Hände und Augen geholfen. Mein herzlichster Dank gilt *Elisabeth Pichler, Christiane Thurn-Valsassina* und *Keto von Waberer,* die alle geduldig meinen Enthusiasmus ertrugen, bei Übersetzungen halfen, mir vertrau-

DANKSAGUNG

ZUR AUSWAHL UND EIN DANKESCHÖN

ensvoll halbe Bibliotheken liehen und Übersetzungen, Auswahl und Essay kritisch prüften. *Elinor Lau* und *Suse Pampuch* haben mir Frauengedichte aus deutschen Konzentrationslagern aus ihrer bisher unveröffentlichten Sammlung zur Verfügung gestellt, *Claudia Roemer* schickte mir die Texte türkischer Dichterinnen aus der klassischen Zeit, und *Peter* und *Gaby Blaikner, Gerda Blume, Tülin Ertaskin* und *Neta Almeida* verdanke ich wichtige Hinweise. *Marie-Luise Kreuter* hat freundlicherweise das fertige Manuskript durchgeschaut und durch ihre kritischen Anmerkungen einige Undeutlichkeiten behoben. Ganz besonders dankbar bin ich *Christa Riedl-Dorn* und *Harald Riedl* für ihre große Hilfe und profunde Beratung bei der Auswahl der Pflanzenillustrationen und *Alice Schumacher* für die gelungenen Fotografien. *Harald Riedl* hat mich zudem auf die indische Dichterin *Mahādēviyakka* aufmerksam gemacht und einige ihrer Gedichte eigens für diese Edition übersetzt.

Der Titel der Sammlung stammt von *Mechtild von Magdeburg*, und *Gisela Brinker-Gabler* und *Eva Weissweiler* verdanke ich durch ihre Bücher „Deutsche Dichterinnen vom 16. Jahrhundert bis zur Gegenwart" und „Komponistinnen aus 500 Jahren" grundlegende Informationen. Ihnen sei ebenso gedankt wie allen Autoren und Verlagen, die den Abdruck ihrer urheberrechtlich geschützten Texte erlaubten.

Und zum Schluß, um nicht noch einmal das Wort „Danke" zu strapazieren: mille grazie an *Uwe Gruhle* und *Vito von Eichborn* samt ihrer Crew hinter den Kulissen für ihr großes Engagement. Sie haben dieses Buch ebenfalls mit Liebe gemacht.

M.K.

QELLEN

Ach kämest du
Aus: Altägyptische Liebeslieder, eingeleitet und übertragen von Siegfried Schott, Artemis Verlag, Zürich 1950.

Ach, nun bist du fort
Aus: Japanische Jahreszeiten, Tanka und Haiku aus dreizehn Jahrhunderten, aus dem Japanischen übertragen von Gerolf Coudenhove, Manesse Verlag, Zürich 1963.

Alle Briefe, die ich schreibe
Aus: Emily Dickinson, Gedichte, hrsg. und übersetzt von Gertrud Liepe, Reclam Verlag, Stuttgart 1970.

Als ich an ihn dachte
Aus: Anthologie de la poesie japonaise classique, traduction, preface et commentaires de G. Renondeau, Gallimard, Paris 1971.

An mein Gartentor
Aus: Japanische Jahreszeiten: Tanka und Haiku aus dreizehn Jahrhunderten, aus dem Japanischen übertragen von Gerolf Coudenhove, Manesse Verlag, Zürich 1963.

Atlantis
Aus: Bog-Trotter, An Autobiography with Lyrics by Dory Previn, New York 1980.

Bei mir in Moskau leuchten die Kuppeln
Marina Cvetaeva, übers. v. Lydia Titowa. Aus: Russische Lyrik, Von den Anfängen bis zur Gegenwart, hrsg. von Kay Borowsky und Ludolf Müller, Reclam Verlag, Stuttgart 1983.

Betrunkener Nachmittag
Aus: Eisfeuer. Erotische Gedichte, hrsg. von Barbara Neuwirth, Wiener Frauenverlag, Wien 1986.

Bibel
Aus: Gioconda Belli: Wenn du mich lieben willst, 2. Auflage 1986, Peter Hammer Verlag, Wuppertal 1985.

Bleib mir erhalten
Aus: Renate Rasp, Junges Deutschland, © 1978 Carl Hanser Verlag München Wien.

Chaos
Aus: Else Lasker-Schüler, Sämtliche Gedichte, hrsg. von Friedhelm Kemp, Kösel Verlag, München 1984.

Das Angesicht der Welt hat sich gewandt
Aus: Lyrik des Abendlands, gemeinsam mit Hans Hennecke, Curt Hohoff und Karl Vossler ausgewählt von Georg Britting, © 1978 Carl Hanser Verlag München Wien.

REGISTER

QELLEN

Das Gewicht des Sommers
Aus: Eisfeuer. Erotische Gedichte, hrsg. von Barbara Neuwirth, Wiener Frauenverlag, Wien 1986.

Das ewige Bild
Aus: Italienische Gedichte von Kaiser Friedrich II. bis Gabriele d'Annunzio, Deutsche Nachdichtung von Bruno Goetz, Manesse Verlag, Zürich 1953.

Das Kissen, wie ich's auch wende
Aus: Das Echo tönt, von Anna Achmatova, © by Limes Verlag im Verlag Ullstein GmbH Frankfurt/Main-Berlin.

Das weiße Poem
Aus: Litauische Lyrik. Ausgewählt und übertragen von Lucia Baldauf, Wilhelm Fink Verlag, München 1972.

Den Tag nur lieben
Aus: Spanische und italienische Novellen, übertragen von Clemens Brentano. Erster Band. Rowohlt Verlag, Leipzig o. J.

Der Sturm ließ nach
Aus: Chinesische Liebesgedichte aus drei Jahrtausenden. Übertragen und nachgedichtet von Ernst Schwarz, © Insel Verlag, Frankfurt 1980.

Der Tag hat 24 Stunden zuwenig
Aus: Rock Session 3, Magazin der populären Musik, hrsg. von Klaus Humann und Carl-Ludwig Reichert, Rowohlt Taschenbuch Verlag, Reinbek bei Hamburg 1979.

Der graue Fels bin ich
Aus: Irische Harfe, Gedichte vom achten Jahrhundert bis zur Gegenwart, aus dem Gälischen und Anglo-Irischen übertragen von Hans Trausil, Langewiesche-Brandt Verlag, Ebenhausen bei München 1983.

Der neue Liebste
Aus: Ketschua-Lyrik, aus dem Spanischen nachgedichtet von Juliane Bambula-Diaz, hrsg. von Mario Razzeto etc., © Verlag Philipp Reclam jun. Leipzig 1976 (deutsche Ausgabe).

Der schwarze Zug kommt
Aus: Vor seinen Häusern eine Weide..., Volksliedtexte aus der Süd-Türkei, hrsg. von Ursula Reinhard, Museum für Völkerkunde, Berlin 1965.

Des Geliebten Nächte
Aus: Rose Ausländer, Die Erde war ein atlasweißes Feld, Gedichte 1927–1956, © S. Fischer Verlag, Frankfurt 1985.

REGISTER

QUELLEN

Dich bereisen
Aus: Gioconda Belli: Wenn du mich lieben willst, 2. Auflage 1986, Peter Hammer Verlag, Wuppertal 1985.

Die Liebe überflutet das All
Aus: Hildegard von Bingen, Lieder, nach den Handschriften herausgegeben von Prudentiana Barth OSB / L. Immaculata Ritscher OSB und Joseph Schmidt-Görg, übers. der Lieder von Sr. Adelgundis Führkötter, Otto Müller Verlag, Salzburg 1969.

Die Orchidee aus Stahl
Aus: Gioconda Belli: Wenn du mich lieben willst, 2. Auflage 1986, Peter Hammer Verlag, Wuppertal 1985.

Die Rosen des Sa'di
Aus: Französische Gedichte, übersetzt von Ulrich Friedrich Müller, Langewiesche-Brandt Verlag, Ebenhausen bei München 1960.

Die Schöne an die Liebesbotin
Aus: Liebe ist besser als Krieg, erotische Lyrik und lose Lieder, freimütig präsentiert von Rolf Wilken, © Christian Wegner Verlag in der Nymphenburger Verlagshandlung GmbH München.

Die Verlassene
Aus: Gertrud Kolmar, Das lyrische Werk, Kösel Verlag, München 1960.

Die Weiden flattern auf und nieder
Aus: Chinesische Liebesgedichte aus drei Jahrtausenden. Übertragen und nachgedichtet von Ernst Schwarz, © Insel Verlag, Frankfurt 1980.

Drunten liegt noch Schnee
Aus: Japanische Jahreszeiten, Tanka und Haiku aus dreizehn Jahrhunderten, aus dem Japanischen übertragen von Gerolf Coudenhove, Manesse Verlag, Zürich 1963.

Du lässest Duft und Wohllaut
Aus: Ricarda Huch, Gedichte, Dramen, Reden, Aufsätze und andere Schriften. Herausgegeben von Wilhelm Emrich. Gesammelte Werke Bd. 5, Kiepenheuer & Witsch Verlag, Köln 1971.

Du schaust auf mein braunes Fleisch
Aus: Schwarzer Orpheus. Moderne Dichtung afrikanischer Völker beider Hemisphären. Ausgewählt und übertragen von Janheinz Jahn, © 1964 Carl Hanser Verlag München Wien.

Dunkelblau ward der Himmel
Aus: Dichtungen der Naturvölker, gesammelt, gesichtet und herausgegeben von Eckart von Sydow, Phaidon Verlag, Zürich 1954.

REGISTER

QUELLEN

Ein Wort weiter
Aus: Marie Luise Kaschnitz, Dein Schweigen – Meine Stimme, Gedichte 1958–1961, © by Claassen
Verlag GmbH, Hamburg 1962.

Ein junger Mann umwirbt mich zart
Aus: A Celtic Miscellany, Translations from the Celtic Literatures by Kenneth Hurlstone Jackson,
Penguin Books, Harmondsworth 1976.

Einer von zweien
Aus: Marie Luise Kaschnitz, Dein Schweigen – Meine Stimme, Gedichte 1958–1961, © by Claassen
Verlag, Hamburg 1962.

Einst war ich der Tag
Aus: Lieder aus dem Rinnstein, gesammelt von Hans Ostwald, zweites Bändchen, Karl Henckell &
Co., Leipzig und Berlin 1904.

Er küßte mich
Aus: Gabriela Mistral, Gedichte, hrsg. von Albert Theile, Luchterhand Verlag, Neuwied 1958. Alle
Rechte durch die Literarische Agentur Joan Daves, New York und Liepmann AG, Zürich.

Erfinden wir unsere eigene Sprache
Aus: Gioconda Belli: Wenn du mich lieben willst, 2. Auflage 1986, Peter Hammer Verlag, Wuppertal
1985.

Erlauchte Geister
Aus: Italienische Dichtung in Übertragungen von Horst Rüdiger, Karl Rauch-Verlag, Jena o. J.

Eva an Gott
Aus: Gelobt sei der Pfau. Indische Lyrik der Gegenwart, hrsg. von Alokeranjan Dasgupta, Schnee-
kluth Verlag, München 1986.

Frühe Sonne, Mitte des Monds
Brigitte Oelschinski. Aus: Hautfunkeln, erotische Phantasien und Geschichten von Frauen, heraus-
gegeben und verlegt von Gudula Lorez, Berlin 1982.

Fühltest du die leiseste Regung der Liebe
Aus: Peter Dronke, Die Lyrik des Mittelalters, C. H. Beck Verlag, München 1973.

Gehst du fort, weil dir das Essen einfällt
Aus: Altägyptische Liebeslieder, eingeleitet und übertragen von Siegfried Schott, Artemis Verlag, Zü-
rich 1950.

Gib mir ein Wiedersehn
Marija Petrovych. Aus: Russische Lyrik von den Anfängen bis zur Gegenwart, herausgegeben von
Kay Borowsky und Ludolf Müller, Reclam Verlag, Stuttgart 1983.

REGISTER

QUELLEN

Gleich bei meinem Haus
Aus: Japanische Jahreszeiten, Tanka und Haiku aus dreizehn Jahrhunderten, aus dem Japanischen übertragen von Gerolf Coudenhove, Manesse Verlag, Zürich 1963.

Gleich wenn ich endlich abends so weit bin
Aus: Die Sonette der Louise Labé. Aus dem Französischen übertragen von Rainer Maria Rilke, © Insel Verlag 1917.

Häusliche Wunder
Aus: Joyce Carol Oates, Love and its Derangements and other Poems, Connecticut 1974.

Haja, bubaja
Aus: Anita Albus, Eia popeia et cetera. Eine Sammlung alter Wiegenlieder aus dem Volk, Insel Verlag, Frankfurt 1978.

He, Jüngling, Jüngling
Aus: Vor seinen Häusern eine Weide..., Volksliedtexte aus der Süd-Türkei, hrsg. von Ursula Reinhard, Museum für Völkerkunde, Berlin 1965.

Heb den Schleier
Aus: Geschichte der Osmanischen Dichtkunst bis auf unsere Zeit, mit einer Blüthenlese aus zweytausend, zweyhundert Dichtern von Hammer-Purgstall, Pesth 1836.

Hinter der Türe
Aus: Silja Walter, Gedichte, © 1950 by Verlags-AG Die Arche, Zürich.

Horch – der Glockenton
Aus: Japanische Jahreszeiten, Tanka und Haiku aus dreizehn Jahrhunderten, aus dem Japanischen übertragen von Gerolf Coudenhove, Manesse Verlag, Zürich 1963.

Ich bin
Aus: Gioconda Belli: Wenn du mich lieben willst, 2. Auflage 1986, Peter Hammer Verlag, Wuppertal 1985.

Ich bin des langen Harrens nun so müd
Aus: Werner Roß, Serenata, Italienische Liebesgedichte, Verlag der Europäischen Bücherei, Bonn 1947.

Ich bin so voll von Liebe
Aus: Klabund, Chinesische Gedichte, Nachdichtungen, Phaidon Verlag, Zürich o. J.

Ich bin traurig
Aus: Else Lasker-Schüler, Sämtliche Gedichte, hrsg. von Friedhelm Kemp, Kösel Verlag, München 1984.

REGISTER

QUELLEN

Ich ging in dich hinein wie in ein Feld
Aus: Rose Ausländer, Die Erde war ein atlasweißes Feld, Gedichte 1927–1956, © S. Fischer Verlag, Frankfurt 1985.

Ich kann nicht mehr schlafen
Aus: Mond überm Zigeunerwagen, aus dem Serbischen übertragen von Milo Dor und Reinhard Federmann, © by Langen-Müller Verlag, München 1959.

Ich kletterte auf die Spitze eines Zweiges
Aus: Vor seinen Häusern eine Weide..., Volksliedtexte aus der Süd-Türkei, hrsg. von Ursula Reinhard, Museum für Völkerkunde, Berlin 1965.

Ich lebe und ich sterbe
Aus: Französische Gedichte, übersetzt von Ulrich Friedrich Müller, Langewiesche-Brandt Verlag, Ebenhausen bei München 1960.

Ich lehre dich das Pflaumenspiel
Aus: Fritz Mühlenweg, Tausendjähriger Bambus, Nachdichtungen aus dem Schi-King. Hans Dulk Verlag, Hamburg 1945. Mit freundlicher Genehmigung von Dr. Regina Mühlenweg.

Ich schlüpfe in mein seidenes Gewand
Aus: Liebe ist besser als Krieg, erotische Lyrik und lose Lieder, freimütig präsentiert von Rolf Wilken, © Christian Wegner Verlag in der Nymphenburger Verlagshandlung GmbH München.

Ich warte auf Post – und – Es steht die Nacht
Die beiden Texte stammen aus dem Archiv des ehemaligen polnischen KZ-Häftlings Aleks Kulisierwicz in Krakau. Ellinor Lau und Suse Pampuch arbeiten an einer Veröffentlichung der Dokumente in deutscher Sprache.

Ich wechsle das Kissen
Aus: Chinesische Liebesgedichte aus drei Jahrtausenden. Übertragen und nachgedichtet von Ernst Schwarz, © Insel Verlag, Frankfurt 1980.

Ich werde nicht an deinem Herzen satt
Aus: Ricarda Huch, Gedichte, Dramen, Reden, Aufsätze und andere Schriften. Herausgegeben von Wilhelm Emrich. Gesammelte Werke Bd. 5, Kiepenheuer & Witsch Verlag, Köln 1971.

Ich wollte die Schönheit der Halle genießen
Aus: Bertus Aafjes, Der blinde Harfner. 1958. © by Albert Langen Georg Müller Verlag GmbH München.

Ich, Jungfrau und Witwe
Aus: Irische Harfe, Gedichte vom achten Jahrhundert bis zur Gegenwart, aus dem Gälischen und Anglo-Irischen übertragen von Hans Trausil, Langewiesche-Brandt Verlag, Ebenhausen bei München 1983.

REGISTER

312

QUELLEN

In Schmerzensglut dreht sich mein Herz
Aus: Geschichte der Osmanischen Dichtkunst bis auf unsere Zeit, mit einer Blüthenlese aus zweytausend, zweyhundert Dichtern von Hammer-Purgstall, Pesth 1836.

In der Höhle überwinde ich
Aus: Vor seinen Häusern eine Weide..., Volksliedtexte aus der Süd-Türkei, hrsg. von Ursula Reinhard, Museum für Völkerkunde, Berlin 1965.

In der schmerzhaften Einsamkeit des Sonntags
Aus: Gioconda Belli: Wenn du mich lieben willst, 2. Auflage 1986, Peter Hammer Verlag, Wuppertal 1985.

In zwei Hälften
Hwang Chin I. Aus: Kraniche am Meer, Koreanische Gedichte, hrsg. von Peter H. Lee, © 1959 Carl Hanser Verlag München Wien.

Innen sind deine Augen Fenster
Aus: Ingeborg Bachmann, Anrufung des Großen Bären, © R. Piper & Co. Verlag, München 1978.

Kam mein Lieb zu mir
Aus: Japanische Jahreszeiten, Tanka und Haiku aus dreizehn Jahrhunderten, aus dem Japanischen übertragen von Gerolf Coudenhove, Manesse Verlag, Zürich 1963.

Kindheitsgarten
Die Quelle konnte nicht ermittelt werden.

Knospe
Aus: Hilde Domin, Rückkehr der Schiffe, © S. Fischer Verlag GmbH, Frankfurt 1962.

Komm zu mir in der Nacht
Aus: Else Lasker-Schüler, Sämtliche Gedichte, hrsg. von Friedhelm Kemp, Kösel Verlag, München 1984.

Komm zurück zur Stunde
Aus: Altägyptische Liebeslieder, eingeleitet und übertragen von Siegfried Schott, Artemis Verlag, Zürich 1950.

Küß mich noch einmal
Aus: Die Sonette der Louise Labé. Aus dem Französischen übertragen von Rainer Maria Rilke, © Insel Verlag 1917.

Liebende Frauen
Aus: Joyce Carol Oates, Love and its Derangements and other Poems, Connecticut 1974.

REGISTER

QUELLEN

Liebster komm zu den Hügeln
Aus: Schwarzer Orpheus. Moderne Dichtung afrikanischer Völker beider Hemisphären. Ausgewählt und übertragen von Janheinz Jahn, © 1964 Carl Hanser Verlag München Wien.

Liebster, laß es dem Traum nicht
Aus: Kraniche am Meer, Koreanische Gedichte, hrsg. von Peter H. Lee, © 1959 Carl Hanser Verlag München Wien.

Lied, das im Schlummer des geliebten Mannes tönt
Aus: Gertrud Kolmar, Das lyrische Werk, Kösel Verlag, München 1960.

Linie wie
Aus: Nelly Sachs, Flucht und Verwandlung, © Suhrkamp Verlag, Frankfurt a. M. 1968.

Maß der Liebe
Aus: Marie Luise Kaschnitz, Gedichte, © by Classen Verlag, Hamburg 1947.

Meerwunder
Aus: Gertrud Kolmar, Das lyrische Werk, Kösel Verlag, München 1960.

Mein Geliebter den ich liebe
Aus: Bertus Aafjes, Der blinde Harfner. 1958. © by Albert Langen Georg Müller Verlag GmbH München.

Mein Herz ist wie ein singender Vogel
Christina Rossetti (Autorin) / Wulf Teichmann (ÜS). Aus: Virginia Woolf »Ein Zimmer für sich allein«, Gerhardt Verlag, Berlin.

Mein Herz springt alsbald in mir auf
Aus: Bertus Aafjes, Der blinde Harfner. 1958. © by Albert Langen Georg Müller Verlag GmbH München.

Mein Liebster ist krank vor Liebe zu mir
Aus: Peter Dronke, Die Lyrik des Mittelalters, C. H. Beck Verlag, München 1973.

Mein Mann, dieser zärtliche Mann
Aus: Jacques Chevrier, Contes & recits traditionnels d'Afrique noire, Hatier, Paris 1986.

Mein Morgenschlafhaar
Aus: Lyrik des Ostens, Gedichte der Völker Asiens, Carl Hanser Verlag, München 1958.

Meine Schamröte
Aus: Else Lasker-Schüler, Sämtliche Gedichte, hrsg. von Friedhelm Kemp, Kösel Verlag, München 1984.

QUELLEN

Meine allerschönste Liebesgeschichte
Aus: Paroles et musique de Barbara, copyright Edition Tutti. – Abgedruckt in: Barbara ou les parenthèses, Presentation par Jacques Tournier. Choix de chansons Discographie, portraits. Edition Seghers. Paris 1968.

Mich freut's nicht mehr
Aus: Chinesische Liebesgedichte aus drei Jahrtausenden. Übertragen und nachgedichtet von Ernst Schwarz, © Insel Verlag, Frankfurt 1980.

Mir wässerte der Mund
Aus: Geschichte der Osmanischen Dichtkunst bis auf unsere Zeit, mit einer Blüthenlese aus zweytausend, zweyhundert Dichtern von Hammer-Purgstall, Pesth 1836.

Nächtiges Elend
Aus: Deutsche Dichterinnen vom 16. Jahrhundert bis zur Gegenwart, Gedichte und Lebensläufe, hrsg. und eingeleitet von Gisela Brinker-Gabler, Fischer Verlag, Frankfurt 1978.

Nie hab ich, heilige Engel, euch beneidet
Aus: Werner Roß, Serenata, Italienische Liebesgedichte, Verlag der Europäischen Bücherei, Bonn 1947.

O braune Augen
Aus: Das französische Gedicht vom 15. bis 18. Jahrhundert, Goldmann Verlag, München o. J.

O dieser Abend
Die Quelle konnte nicht ermittelt werden.

O mein erhabner Achttausendspeergott
Aus: Japanische Dichtung, hrsg. von Mirok Li, übertragen von Julius Kurth, Müller & Kiepenheuer Verlag, Hanau o. J.

Öffentliche Liebe
Aus: Joyce Carol Oates, Love and its Derangements and other Poems, Connecticut 1974.

O junger Donall
Aus: Irische Harfe, Gedichte vom achten Jahrhundert bis zur Gegenwart, aus dem Gälischen und Anglo-Irischen übertragen von Hans Trausil, Langewiesche-Brandt Verlag, Ebenhausen bei München 1983.

O, mein Liebster
Aus: Bertus Aafjes, Der blinde Harfner. 1958. © by Albert Langen Georg Müller Verlag GmbH München.

Rieselt ein feiner Regen
Aus: 72 Lieder des Bulgarischen Volkes, hrsg. und übersetzt von Gerhard Gesemann, Wiking Verlag, Berlin o. J.

REGISTER

QUELLEN

Scham (Vergüenza)
Aus: Gabriela Mistral, Gedichte, hrsg. von A. Theile, Luchterhand Verlag, Neuwied 1958. Alle Rechte durch die Literarische Agentur Joan Daves, New York und Liepmann AG, Zürich.

Schau, was Chaterine gemacht hat
Aus: Jacques Chevrier, L'arbre à palabres, essai sur les contes et recits traditionnels d'Afrique noire, Hatier, Paris 1986.

Seit ich im Schlaf den Mann gesehen
Aus: Klabunds Literaturgeschichte, Phaidon Verlag, Wien 1930.

Sich in einen anderen verwandeln
Aus: Joyce Carol Oates, Love and its Derangements and other Poems, Connecticut 1974.

Sieh mich, das Meer, das dir zu Füßen brandet
Aus: Ricarda Huch, Gesammelte Werke Bd. 5, hrsg. von Wilhelm Emrich, Verlag Kiepenheuer & Witsch, Köln 1971.

Sinnenrausch
Aus: Else Lasker-Schüler, Sämtliche Gedichte, hrsg. von Friedhelm Kemp, Kösel Verlag, München 1984.

Solange meine Augen Tränen geben
Aus: Die Sonette der Louise Labé. Aus dem Französischen übertragen von Rainer Maria Rilke, © Insel Verlag 1917.

Soll ich zu dir gehn
Aus: Japanische Jahreszeiten, Tanka und Haiku aus dreizehn Jahrhunderten, aus dem Japanischen übertragen von Gerolf Coudenhove, Manesse Verlag, Zürich 1963.

Spielregeln
Aus: Ulla Hahn, Herz über Kopf, Deutsche Verlags-Anstalt, Stuttgart 1981.

Steige nicht mehr von der Weide
Aus: Klabund, Chinesische Gedichte, Nachdichtungen, Phaidon Verlag, Zürich o. J.

Still lag ich da
Aus: Lyrik des Abendlandes, gemeinsam mit Hans Hennecke, Curt Hohoff und Karl Vossler ausgewählt von Georg Britting, © 1978 Carl Hanser Verlag München Wien.

Tränen
Aus: Ulla Hahn, Herz über Kopf, Deutsche Verlags-Anstalt, Stuttgart 1981.

Tränensack, versiegelt
Aus: Barbara Maria Kloos, Solo, Gedichte, R. Piper GmbH & Co. KG Verlag, München 1986.

REGISTER

QUELLEN

Traumgewebe
Aus: Gioconda Belli: Wenn du mich lieben willst, 2. Auflage 1986, Peter Hammer Verlag, Wuppertal 1985.

Über den wogengemusterten Grund des Meeres
Aus: Irische Harfe, Gedichte vom achten Jahrhundert bis zur Gegenwart, aus dem Gälischen und Anglo-Irischen übertragen von Hans Trausil, Langewiesche-Brandt Verlag, Ebenhausen bei München 1983.

Unterm Schleier verschränkt ich die Arme
Aus: Das Echo tönt, von Anna Achmatova, © by Limes Verlag im Verlag Ullstein GmbH Frankfurt/Main-Berlin.

Uralter Worte kundig kommt die Nacht
Aus: Ricarda Huch, Gesammelte Werke Bd. 5, hrsg. von Wilhelm Emrich, Verlag Kiepenheuer & Witsch, Köln 1971.

Versöhnung
Aus: Else Lasker-Schüler, Sämtliche Gedichte, hrsg. von Friedhelm Kemp, Kösel Verlag, München 1984.

Verzweiflung
Aus: Rose aus Asche, Spanische und Spanisch-Amerikanische Lyrik seit 1900, hrsg. und übertragen von Erwin Walter Palm, München 1955.

Von dem Hügel, wo der Maulbeerbaum gedeiht
Aus: Fritz Mühlenweg, Tausendjähriger Bambus, Nachdichtungen aus dem Schi-King. Hans Dulk Verlag, Hamburg 1945. Mit freundlicher Genehmigung von Dr. Regina Mühlenweg.

Wanka
Aus: Ketschua-Lyrik, aus dem Spanischen nachgedichtet von Juliane Bambula-Diaz, hrsg. von Mario Razzeto etc., © Verlag Philipp Reclam jun. Leipzig 1976 (deutsche Ausgabe).

Weißer Nebeldunst
Aus: Japanische Jahreszeiten, Tanka und Haiku aus dreizehn Jahrhunderten, aus dem Japanischen übertragen von Gerolf Coudenhove, Manesse Verlag, Zürich 1963.

Weit ist mein Geliebter
Aus: Heinrich Möller, Lieder der Völker, Mainz o. J.

Wenn die Blume welkt
Aus: Japanische Jahreszeiten, Tanka und Haiku aus dreizehn Jahrhunderten, aus dem Japanischen übertragen von Gerolf Coudenhove, Manesse Verlag, Zürich 1963.

REGISTER

QUELLEN

Wenn du nach Unu gehst
Aus: Vor seinen Häusern eine Weide..., Volksliedtexte aus der Süd-Türkei, hrsg. von Ursula Reinhard, Museum für Völkerkunde, Berlin 1965.

Wenn ich wüßte, wo mein Liebster mäht
Aus: Europäische Liebeslieder aus acht Jahrhunderten, gesammelt von Cesar Bresgen, hrsg. von Michael Korth, Heimeran Verlag, München 1978.

Wenn sein Phallus ein Tabaksbeutel wär
Aus: Jacques Chevrier, L'arbre à palabres, essai sur les contes et recits traditionnels d'Afrique noire, Hatier, Paris 1986.

Wie fiel im Sommer Reif
Aus: Klabund, Chinesische Gedichte, Nachdichtungen, Phaidon Verlag, Zürich o. J.

Wind oh du Wind
Aus: Litauische Lyrik. Ausgewählt und übertragen von Lucia Baldauf, Wilhelm Fink Verlag, München 1972.

Winter
Aus: Hilde Domin, Rückkehr der Schiffe, © S. Fischer Verlag GmbH, Frankfurt 1962.

Winterlust
Aus: Eisfeuer. Erotische Gedichte, hrsg. von Barbara Neuwirth, Wiener Frauenverlag, Wien 1986.

Wird mich das Grab von Eifersucht erlösen
Aus: Yvan Goll, Gedichte, eine Auswahl, mit vierzehn Gedichten von Claire Goll. Hrsg. und mit einem Kommentar versehen von Rene A. Strasser, Bibliothèque Municipale de Saint-Die des Vosges, Fonds Goll (Herr Dr. Albert Ronsin), 1968.

Xerabo
Aus: Thomas Bois, Kurdische Volksdichtung, hrsg. von Yekta Geylani, mit einer Einleitung von Joyce Blau, mit einem Vorwort von Günther Deschner, Kurdisches Institut Bonn.

Zeigst du ein freundlich Antlitz mir
Aus: Chinesische Liebesgedichte aus drei Jahrtausenden. Übertragen und nachgedichtet von Ernst Schwarz, © Insel Verlag, Frankfurt 1980.

Sollten wir bei einem Gedicht unwissentlich ein Urheberrecht verletzt haben, bitten wir um Entschuldigung und Benachrichtigung.

REGISTER

BILDQUELLEN

J. D. Hooker, Illustrations of Himalayan Plants (Kew 1855)

Robert Warner, Select Orchidaceous Plants (London 1862–1865)

Nathaniel Wallich, Plantae Asiaticae rariores or descriptions of a select number of unpublished East Indian plants (London 1832)

J. G. Zuccarini, Ph. Siebold, F. A. G. Miquel, Flora Japonica (Lugduni 1870)

The Botanical Register Vol. I (London 1815)
The Botanical Register Vol. II (London 1816)
The Botanical Register Vol. III (London 1817)
The Botanical Register Vol. VIII (London 1822)

Edwards's Botanical Register Vol. 24 (London 1838)

George Brookshaw, Pomona Britannica (London 1812)

J. E. Smith, English Botany IX (London 1799)

W. Curtis, Botanical Magazine Vol. VI (London 1793)
W. Curtis, Botanical Magazine Vol. XIII (London 1799)
W. Curtis, Botanical Magazine Vol. XXVIII (London 1808)

Curtis's Botanical Magazine of the 4th series Vol. XI (London 1814)
Curtis's Botanical Magazine the new series Vol. I (London 1827)
Curtis's Botanical Magazine the new series Vol. CXLI (London 1915)

Elisabeth Blackwell, Herbarium Blackwellianum (Nürnberg 1750–1773)

Karl von Linné, Plantae Selecte...
Darin enthalten: Bildtafeln von Georg D. Ehret (London 1750–1773)

REGISTER

319

Verzeichnis der Autorinnen

Verzeichnis der Autorinnen

VERZEICHNIS DER GEDICHTTITEL UND -ANFÄNGE

VERZEICHNIS DER GEDICHTTITEL UND -ANFÄNGE

REGISTER

VERZEICHNIS DER GEDICHTTITEL UND -ANFÄNGE

REGISTER

Verzeichnis der Gedichttitel und -Anfänge

Verzeichnis der Gedichttitel und -Anfänge

INHALT